MIKE HORN

MIKE HORN
LIBRE !

E/P/A
XO ÉDITIONS

32

SOMMAIRE

ÊTRE LIBRE

REPOUSSER LES LIMITES

Mike Horn a toujours eu le goût des challenges. Difficile d'en être autrement avec l'éducation qu'il a reçue. Il grandit en Afrique du Sud, entouré d'une famille aimante qui lui transmettra les valeurs qui feront de lui l'homme qu'il est aujourd'hui : la liberté de penser et d'agir, le libre arbitre, la curiosité, mais aussi la discipline et l'autonomie.

Toute ma vie, j'ai voulu aller vers l'inconnu. Toujours, j'ai eu envie de poser le pied là où peu d'hommes se sont risqués. J'aime les lointains, je cherche l'horizon, je dépasse les limites. Au fond, je suis un peu comme ces hommes qui, autrefois, redoutaient de tomber dans le vide en atteignant le rebord de notre Terre, qu'ils croyaient plate. En caravelle, en biplan, à cheval ou à pied, des aventuriers ont défié le ciel et les dieux. Ce sont mes frères.

J'ai descendu l'Amazone en hydrospeed, j'ai suivi la ligne d'équateur sur 40 000 kilomètres à la voile ou à pied, j'ai bouclé le tour du pôle Nord durant la longue nuit polaire. J'ai marché sur la glace, parcouru le désert, descendu des rapides, frayé mon chemin dans la jungle. J'ai souvent frôlé la mort, et mon appétit de vivre s'est agrandi. Les possessions matérielles me sont inutiles.

J'ai grandi en Afrique du Sud. À la maison, mes parents étaient faciles. Ils ne fixaient pas d'interdits, mais mettaient des limites. Le cadre était léger, mais strict. La liberté s'accompagnait d'une discipline. Il y avait, chez eux, une volonté de nous laisser faire, mes sœurs, mon frère et moi. Ils préféraient que nous apprenions de nos propres expériences plutôt que de suivre un ordre donné. Jamais ils ne disaient : « Tu ne peux pas faire cela », mais ils nous donnaient la possibilité d'essayer. Ils ont fabriqué des enfants autonomes.

Ma mère est professeur d'économie au collège. Elle a les cheveux gris, prématurément. Elle se charge de la discipline à la maison. Elle est intraitable sur les questions d'hygiène et de politesse. Toujours équitable, elle sait écouter. Je lui suis très attaché : plutôt que de la décevoir, je suis prêt à travailler dur. Avec moi, elle n'a pas besoin de répéter un ordre. Je peux tout lui demander, sauf sous le coup d'un caprice. Là, elle ne tolère pas. Les vapeurs, les chichis, les lubies la mettent en colère. C'est une femme qui a les pieds sur terre.

Michael Horn, mon père, est directeur d'école, et professeur de sport. C'est un esprit curieux. Il ne cesse jamais d'étudier, et, toute mon enfance, je le verrai plongé dans des dossiers. Entre deux séances de travail, il va s'entraîner, il court, il joue

L'un de mes derniers entraînements avant mon expédition en solitaire dans l'Antarctique : une session plus que nécessaire vers le pic de Lion's Head, au Cap – Expédition *Pole2Pole*, Afrique du Sud, novembre 2016.

« Connaître l'inconnu, voir l'inimaginable, faire des choses que personne n'a jamais faites et découvrir si, moi, je serais capable de les faire… Si ces raisons-là ne sont pas suffisantes, alors… je ne sais pas ce qui l'est. »

C'est tout en haut qu'on a la meilleure vue ! – Expédition *Pole2Pole*, Afrique du Sud, novembre 2016.

au rugby, c'est un athlète remarquable. Il ne supporte pas la passivité. Tu veux quelque chose ? Tu dois le conquérir, le mériter.

Pour obtenir un vélo, j'ai dû laver chaque semaine la voiture. Pour acheter un ballon, j'ai dû jardiner. Une fois que le nombre d'heures a été effectué, il m'emmène au magasin.

La famille Horn est étendue. Nous sommes quatre. Il y a Linda, ma sœur aînée, puis moi, puis Céleste, ma sœur cadette, et enfin Martin, le petit dernier. Chaque soir, à table, c'est le même rituel. En mangeant – les mains propres ! – nous avons le droit de poser toutes les questions possibles, d'aborder tous les sujets. Nos parents nous répondent sans jamais se formaliser, sans se moquer de notre naïveté ou de notre ignorance. Chacun a ses passions. Moi, c'est la nature qui me tient compagnie. Où vont les nuages ? De quoi sont-ils faits ? Puis-je marcher dessus ? Des gens habitent-ils dedans ? Les arbres éprouvent-ils de la douleur ? Les rochers sont-ils vivants ? Et pourquoi mon ombre me suit-elle partout ? Ma mère m'explique tout, avec patience.

« On rêve trop souvent les yeux fermés, il faut plutôt rêver les yeux ouverts. »

« Le risque et le danger stimulent l'imagination en posant de nouveaux problèmes à résoudre. »

Pourtant, un jour, elle bute sur l'une de mes interrogations :

– Comment les bébés naissent-ils ?

Question classique. Réponse qui l'est moins :

– Va demander à ton père.

Mon père est occupé. Il me renvoie à ma grand-mère.

Celle-ci sourit :

– J'ai oublié. Demande à ton grand-père.

Je vais voir papy. Il m'entraîne dans la bibliothèque et me dit :

– Je pense que tu trouveras la réponse, ensuite on pourra discuter de tout ça.

J'apprends avec curiosité, avec appétit. La bibliothèque, en effet, m'est d'un grand secours. Je constate qu'il faut faire des choix, que je suis responsable de ceux-ci. [...]

Les autres enfants rêvent peut-être de Superman ou de Flash Gordon. Moi, je n'ai pas de meilleur modèle que mon père. Je n'ai pas envie d'avoir des superpouvoirs magiques. Quand nous marchons dans la rue, ensemble, Mike et Mike, je suis fier. Je suis le fils de cet homme-là, oui messieurs dames ! Un jour, en arrivant à l'école, un camarade me cueille à froid :

– Ton père a été nul au match d'hier ! Il est trop vieux pour continuer le rugby !

Les copains ricanent. C'est vrai, la veille, l'équipe de la province du Transvaal s'est fait ramasser. Et alors ?

Je me rebiffe :

– Le prochain qui l'ouvre, je lui mets un pain dans la gueule, on est bien d'accord ?

Évidemment, il y en a un qui l'ouvre. Il a dix-sept ans, j'en ai douze. Mais je suis en colère, et je n'ai pas peur. Mon père, c'est mon père, voilà tout. Je cogne. Tant pis pour la suite. Je me retrouve à terre, martelé par une multitude de poings. Je me roule en boule. La meute s'acharne. Je prends un œil au beurre noir, un nez en patate, des côtes froissées. Je saigne, je titube, mais je n'ai pas reculé.

De retour à la maison, je me cloître dans ma chambre. Mon père prêche le *self-control*, le calme en toutes circonstances. La bagarre de rue, ce n'est pas son style. Il entre dans ma chambre, me voit en piteux état :

– Qu'est-ce qui se passe, tu t'es battu ?

– Les autres ont dit que tu étais nul.

Pour une fois, il ne discute pas, ne me fait pas la morale sur la nécessité de rester zen. Il me raconte une histoire. J'ouvre de grands yeux, un peu ébahi.

– Dans la forêt, Mike, il y a beaucoup d'arbres. Il y en a de gros, de majestueux, et des petits comme toi. Il y en a aussi des frêles, et des noueux, avec des formes incroyables. En t'enfonçant à couvert, si tu cherches le tronc le plus énorme, tu verras que sa hauteur est telle qu'on peut à peine distinguer la

Rien ne me donne plus le sourire que de penser à la prochaine étape de mon voyage – Expédition *Pole2Pole,* Afrique du Sud, novembre 2016.

« Si les autres peuvent le faire, pourquoi pas moi ? »

cime. Quand il fait beau, tu peux imaginer combien il est tranquille, au soleil. Mais dès que la tempête arrive, qui ramasse l'orage ? L'arbre qui dépasse de la canopée. Son tronc est fait pour absorber la violence des vents et la masse de son feuillage protège les plus petits. Abrités, ils ne casseront pas. Alors, vois-tu, aujourd'hui je suis un arbre plus haut que les autres, je ramasse la violence du vent, mais je suis solide. Demain, d'autres me dépasseront. Mais je resterai ce que je suis, même vieux. C'est la vie. Tu comprends ?

Je comprends. Je n'oublierai pas. J'ai pris une leçon importante, une leçon d'existence : dans la vie, pour faire quelque chose qui sorte de l'ordinaire, on doit mettre sa tête plus haut que les autres ; mais en levant la tête, on ramasse des vents, on s'expose, on affronte la critique, la jalousie, la méchanceté. Il faut accepter de vivre tout cela. Et c'est bien ainsi. Contrairement au dicton, ce n'est pas en vivant caché qu'on vit heureux…

J'ai appris un mot : canopée.

Et je sais, grâce à papy, comment naissent les bébés.

La Nouvelle-Zélande, où que l'on se trouve, est un vrai plaisir pour les yeux – Expédition *Pole2Pole*, Nouvelle-Zélande, avril 2017.

« Ma famille
me donne la liberté
de repartir. »

Le bonheur, c'est l'amour d'un père pour ses enfants – Expédition *#DrivenToExplore*, voyage de la Suisse au Pakistan, Suisse, mai 2015.

Ce que Mike a reçu de ses parents, il souhaite le transmettre à ses filles. Alors qu'elles n'ont que onze et douze ans, Annika et Jessica Horn, accompagnées de leur père et de leur mère Cathy, seront les plus jeunes exploratrices du Grand Nord canadien. En croyant en elles et en les poussant à dépasser leurs limites, il les aide à grandir et fait d'elles les jeunes femmes libres et sûres d'elles-mêmes qu'elles deviendront par la suite.

2004. Je me trouve bien au-delà du cercle polaire Arctique, en plein cœur de l'hiver polaire, dans une région où la vie ne tient le plus souvent qu'à un fil. Pour arriver là, j'ai bravé des températures de - 50 °C, j'ai marché des jours durant avec pour seule lumière ma lampe frontale, j'ai croisé des ours polaires qui, debout sur leurs pattes arrière, peuvent mesurer plus de trois mètres de haut, j'ai même vu tout mon matériel brûler alors que j'étais seul sur la banquise… Et je suis devant des tas de glace agglomérés par le froid et réputés infranchissables. J'ai hâte de m'y attaquer, d'affronter ce nouveau challenge, un des nombreux qui m'attendent sur la route que j'ai décidé de suivre pour cette aventure : le tour du cercle polaire Arctique.

Après quelques jours de lutte avec ce paysage incroyable, je suis heureux. Je suis exactement là où je voulais être. Le soir, dans ma tente plantée au milieu de ces millions de sentinelles colossales, je sais que j'ai trouvé l'endroit idéal pour le projet que je caresse depuis quelque temps déjà : laisser un message à l'intention de mes filles.

Dans la lettre que je vais déposer sous une pierre, je m'efforce de restituer certains moments exceptionnels que cette aventure m'a fait vivre, et je

« Pour moi, les jours difficiles sont simplement des jours où les choses sont moins faciles qu'hier. Et peut-être plus faciles que demain. Mais je considère qu'aucune épreuve n'est véritablement difficile, tant que je lui survis. »

Rien ne peut stopper un homme déterminé – Expédition *Arktos*, voyage autour du cercle Arctique, 2002-2004.

La peur ne doit pas nous arrêter, elle doit au contraire nous donner des ailes.
Expédition *Arktos,* voyage autour du cercle Arctique, 2002-2004.

Vous n'avez pas besoin d'être un oiseau pour voler librement, car la liberté est celle de l'esprit.
Expédition *Pole2Pole*, Océan Austral, novembre 2016.

Il faut toujours s'entourer de personnes qui ont les mêmes objectifs que vous.
Expédition *Pangaea*, de jeunes explorateurs au pôle Nord, 2007-2012.

« Faute de terres vierges restant à découvrir, c'est le territoire humain que j'explore. »

*« Il n’y a pas
un moment où j’ai
eu l’envie de regarder
derrière moi. »*

Il n'y a pas de plus beau cadeau pour un père que de partager sa passion avec ses filles – Expédition en famille, l'île Bylot, Canada, 2005.

tâche, avec mes mots, de justifier à la fois mes rêves et mes absences. Cette lettre, j'en ai gardé dans mon GPS les coordonnées précises. Un jour, peut-être, Annika et Jessica iront à sa recherche…

Je le crois profondément : les plus grandes satisfactions ne s'obtiennent qu'au prix de quelques douleurs. Et puisque rien, dit-on, n'est gratuit, j'ajouterai que ce qu'on paie le plus cher nous rend le plus heureux.

Dans le confort de nos sociétés occidentales, les enfants me semblent trop souvent choyés, dorlotés à l'extrême, au point – sous le prétexte fourre-tout de la sécurité – d'être privés de ce qui, à mon sens, est la définition même de l'enfance : le jeu, l'aventure, l'imaginaire…

J'ai la conviction qu'un certain degré de prise de risques – mesurés, calculés… – doit faire partie de la vie et, donc, de l'éducation. Je n'ai aucune prétention psycho-médicale, mais il me semble bien que la grande Françoise Dolto a écrit quelque chose qui va dans ce sens.

Annika et Jessica seront des pionnières. On ignore, en effet, comment peuvent réagir et se comporter des enfants de cet âge, soudain confrontés à un environnement aussi difficile.

On ne sait pas quels peuvent être leurs points de vue, leurs réactions, leurs sentiments. Et ce, pour la bonne et simple raison que les aventuriers de l'extrême, les arpenteurs de banquise, ont toujours été… des adultes. En devenant les premières fillettes à se lancer dans une expédition arctique, Annika et Jessica vont donc ouvrir de nouvelles voies au sport, à l'éducation et à la médecine pédiatrique.

Grâce à elles, on saura si, oui ou non, des enfants sont capables de participer à ce genre d'entreprise, et à quel âge il est possible de commencer. Personnellement, je pense qu'il n'est jamais trop tôt.

La liberté, c'est aussi prendre des risques maîtrisés, ce que fait Mike au cours de son tour du monde du cercle polaire Arctique.

Je franchis la ligne imaginaire qui sépare l'Asie de l'Europe. Sitôt dans la mer de Barents, le Gulf Stream réchauffe l'eau de deux ou trois degrés; je les sens sur mes mains, comme j'éprouve sur mon visage la température un peu moins rigoureuse du vent.

Au cap Byele Nos, « Nez blanc », ainsi nommé à cause de la couleur de ses rochers, les cargos défilent dans le chenal séparant le continent de l'île Vaïgatch. Je campe devant ce détroit, le temps de décider de la marche à suivre.

J'explore aussi les ruines d'un ancien goulag. Les guichets minuscules dans les portes, les cellules avec des grilles en guise de plafond disent encore toute la souffrance dont cet endroit a été à la fois le témoin et l'instrument. Cela me fait réfléchir. Mes souffrances à moi sont peu de choses, puisque je les ai choisies.

J'ai le choix entre faire le tour de l'immense baie qui s'ouvre devant moi, ou tenter la plus longue de toutes mes traversées en kayak.

Après la baie de Baïdaratsa, je me suis juré de ne plus jamais me lancer dans ce genre d'aventure. La Baïdaratsa m'a secoué, a entamé ma confiance... Mais elle m'a beaucoup appris et m'a fait repousser mes limites. Je me sens désormais capable, en kayak, de gérer des situations... extrêmes. Le défi est tentant. C'est l'occasion de restaurer ma confiance. Et c'est peut-être le dernier grand challenge de mon expédition. Si je ne le relève pas, je passerai le reste de ma vie à me demander si j'en aurais été capable.

Dans un premier temps, la prudence l'emporte et je descends le long de la côte, ce qui m'entraîne vers l'est et rallonge encore la traversée.

Et puis... le plus naturellement du monde, je vire à droite sur 90° et pique vers le large. Parce que, tout à coup, c'est une évidence et parce que l'expérience de mes traversées précédentes doit me permettre de réussir celle-là.

Les vents d'ouest, nord-ouest soufflent à cinquante à l'heure et les courants provoqués par les petites îles, de l'autre côté de la baie, me compliquent la tâche. Mon kayak se remplit d'eau. Malgré tout, je ne suis jamais dépassé par la situation et la traversée s'avère beaucoup moins difficile que celle de la baie de Baïdaratsa.

Seize heures après mon virage fatidique, j'atterris en surfant de l'autre côté de la baie.

J'ai remporté mon pari, et gagné trois jours.

Ce n'est pas votre œil qui vous mènera à destination, c'est votre mental – Portrait de Mike Horn.

« Un voyage
de mille lieues
a commencé
par un pas. »

FAIRE SES PROPRES CHOIX

Le déclic s'opère à vingt-trois ans. Après avoir fait l'armée, Mike coule une existence confortable en Afrique du Sud, mais il se sent vide et prisonnier. Il décide alors de tout quitter : famille, amis, travail... Son destin est ailleurs, il le sait. Et sa liberté aussi.

En 1989, j'entre de plain-pied dans ma vie d'homme. L'un de mes oncles a monté une société d'import-export en fruits et légumes. Il me propose un poste qui me permettra, parallèlement, de poursuivre mes études en économie. [...]

Je ne savais pas que j'avais la bosse du commerce. Je suis un bon trader de légumes. Mon avenir s'ouvre, aussi large et prometteur qu'une autoroute. En un an, je suis devenu un jeune loup de la bourgeoisie sud-africaine, l'un de ces rouages qui font la prospérité du pays. L'argent rentre. J'ai une belle voiture, une moto, une maison. Je vais dans les bons restaurants, je m'habille avec soin. Je fais partie de la classe dynamique. Les amis m'entourent, le week-end nous organisons des barbecues sympathiques, nous allons à la plage, nous faisons des fêtes. C'est une existence très agréable. Ma zone de confort est tapissée de soie. On ne peut rêver mieux.

Sauf que.

Sauf que je m'ennuie. Cette vie, pour moi, est trop prévisible. Négocier des pastèques à graines rouges, acheter des oranges maltaises blondes, discuter le prix de la tomate Sanzana calibre 3, fort bien. Mais, il y a quatre ans, j'avais des ennemis dans le viseur. Passer du terrain de combat à celui des docks de fruits et légumes est un peu fade. J'ai l'impression de m'endormir. Je ne veux pas finir dans un fauteuil de club pour anciens traders, avec un cigare à la bouche, le journal de la Bourse à la main et le ventre posé sur les genoux. Je me sens asphyxié.

Gagner de l'argent ? Insignifiant. Posséder des biens matériels ? *So what ?* Obtenir le respect de ses amis ? Pour quoi faire ? La dernière chaîne stéréo Sony ne me rendra pas plus heureux. Les gadgets de ma nouvelle Golf GTI ne me feront pas battre le cœur. Il doit y avoir quelque chose au-delà du mur.

Un matin, je me réveille à cinq heures, pour aller aux halles. J'aime entendre le chant des oiseaux, toute cette vie qui sort de sa torpeur. Je regarde par la fenêtre, le soleil se lève. Je dois aller négocier les prix des fruits, des légumes. En chemin, pourtant, comme pris d'un éclair de lucidité, je décide, en une seconde, de changer de vie. Tout d'un coup, je me suis senti emprisonné en regardant par la fenêtre. Un sentiment violent. Comme attaché. Sans liberté. Je vais voir mon oncle :

– Vendredi, j'arrête tout.

Ce n'est pas le point de départ qui est important, c'est la destination ! – Expédition *#DrivenToExplore*, voyage de la Suisse au Pakistan, Russie, mai 2015.

« La valeur de la vie est dans nos mains. À nous de cultiver notre différence, notre personnalité, à nous de faire un pas de côté pour vivre nos rêves et ne jamais nous laisser emprisonner. »

La Suisse, là où je me sens chez moi – Expédition *#DrivenToExplore*,
voyage de la Suisse au Pakistan, Suisse, mai 2015.

Il est stupéfait. Il discute, il argumente. Mon avenir, le sien, la boîte, les bonus, l'argent, ma mère, tout y passe. Mais je tiens bon. J'ai besoin de nouveau. Je n'ai pas le choix : la nécessité est pressante, essentielle. Je veux être libre. Ma vie est ailleurs, je le sais, je le sens.

L'appel du large.

Je prépare une fête d'adieu. J'invite tout le monde, cousins, amis, famille, étudiants, frères d'armes, voisins, potes d'école. Il fait beau, nous sommes dehors, la fumée du barbecue traîne en volutes, et, quand tout le monde est rassemblé, j'explique :

– Je m'en vais.

Je pars pour trouver une nouvelle vie. Les biens matériels ne me suffisent pas. D'ailleurs, je m'en débarrasse. Qui veut ma chaîne stéréo ? Tony, tiens, prends-la. Qui veut mes chemises à la mode ? Pieter, sers-toi. Et ainsi de suite. Les amis se demandent si je ne suis pas frappé par le syndrome de saint François d'Assise, fils d'une riche famille marchande qui s'est dépouillé et est parti sur les routes, nu, avant d'épouser Dame Pauvreté. Personne ne croit que mon coup de tête va durer. En fait, j'ai besoin d'un défi. Qu'est-ce que la vie, sans défi ? Mes objets s'en vont : plus de lit, de télé, de moto, de kayak, de vélo. Dieu merci, je n'ai pas de *girlfriend*. De toute façon, je n'ai pas de temps pour une relation. Dans ma tête, je suis déjà parti. Les amis rigolent :

– On te les garde au chaud, on te les rendra au retour.

Ils ne savent pas, c'est normal, l'essentiel. Il n'y aura pas de retour.

En fait, je me libère. Je coupe les liens qui m'entravent. Je n'ai plus rien, je suis léger comme l'air.

Quel soulagement ! Je ne suis pas saint François d'Assise, je n'ai aucune vocation à la béatitude. J'écoute seulement, en moi, cet appel qui me pousse à me mettre en mouvement. Au-delà du mur. En quelques heures, je n'ai plus de compte en banque, plus de carte bleue, plus d'assurance vie. Mais j'ai le monde entier.

Je pars avec cinquante dollars, un sac à dos, quelques vêtements. À l'époque, seuls trois pays sont ouverts aux citoyens sud-africains : l'Angleterre, la Suisse et Israël. J'arrive à l'aéroport international Jan Smuts, qui deviendra plus tard l'aéroport Oliver Tambo. Je regarde les tableaux d'affichage. Premier vol : Zurich. Une place est disponible.

J'y vais.

Direction : le pays le plus calme du monde. L'aventure ? Elle va être difficile à trouver…

Pourtant, l'aventure, Mike la trouvera bien en Suisse, où il deviendra sportif de l'extrême. De fil en aiguille et au hasard de ses rencontres, il finit par faire de l'aventure son métier, grâce au sponsor Sector. Il fonde également une famille. Son choix devient clair : continuer de vivre sa passion tout en maîtrisant les risques, et revenir pour ses proches.

Avec Sector, je suis dans le luxe. Ces gens ne s'en rendent pas compte. Ils me fournissent un matériel sophistiqué, me donnent un cadre, me traitent comme un invité de marque. Café ? Voilà du café. Transport ? Monte dans le 4x4. Une petite fringale ? On a ce qu'il faut. Moi, je m'amuse… C'est

Tous les voyages ont leur importance, mais celui qui a le plus de valeur est celui que l'on fait en soi-même – Expédition *Pole2Pole*, Namibie, juillet 2016.

« Des accidents, j'en ai eu d'innombrables et j'en aurai encore. Le prochain sera peut-être fatal. Mais les risques font partie de mon métier. »

extraordinairement excitant : je dévale des pentes de glacier, je plonge sous la glace, je me coule entre des rochers, je saute des parapets, je fonce, remonté à bloc. L'eau me fouette, la vitesse m'emporte, je suis une fusée sur le torrent. Le résultat est formidable : dans ma combinaison bleue aux marques jaunes, les palmes aux pieds, accroché à mon board rose, je chevauche des eaux qui tombent à pic entre des rochers noirs. « Il n'y a qu'une seule limite, celle qui est en nous », proclame la pub. Bien d'accord.

Les images feront partie des grandes pubs de Sector. Nous allons rester mariés dix ans.

Le contrat qui nous lie – 7 000 dollars par an – me permet enfin de me dégager des boulots saisonniers, de cette existence précaire soumise au bon vouloir des employeurs. Avec Cathy, nous avons envie de fonder une famille, de nous délivrer des soucis matériels. Non que ceux-ci nous entravent : nous sommes jeunes, heureux, libres. C'est le principal. Mais nos moyens réduits ne nous permettent pas de rêver en grand. D'un seul coup, mes songes changent d'échelle. Désormais, tout est ouvert. Je peux explorer le canyon le plus profond du Pérou – le Colca, profond de 3 400 mètres, 1 000 mètres de dénivelé, point culminant à 4 350 mètres qu'il faut rejoindre après un trek à partir du village de San Juan de Chuccho ; je peux descendre le río Pacuare au Costa Rica, 108 kilomètres avec des sections d'enfer, les rapides du Huacas ou du Cimarrones, le tout dans la cordillère de Talamanca… Sector me soutient. Je ne les déçois pas : au passage, j'obtiens le record du monde de la plus haute chute d'eau en hydrospeed, un saut de 22 mètres.

Demandez-moi alors ma profession, et je réponds : heureux. D'autant plus heureux qu'en 1993 Cathy donne naissance à notre premier bébé, Annika. L'année suivante, c'est Jessica qui vient au monde. Il ne reste qu'une chose à faire, nous marier. Désormais, j'ai des responsabilités, il va falloir évaluer les risques d'une autre façon. Devenir père, c'est une autre aventure.

Mes parents m'ont transmis de la force, de l'enthousiasme. Je léguerai la même chose à mes filles. J'ai choisi une manière de vivre, je vais continuer : je ne sais pas faire autrement. L'aventure, ce n'est pas juste un boulot ou un hobby du dimanche. C'est ce qui me fait avancer. C'est la matière même de mon être. Chaque fibre de mon corps, chaque parcelle de mon esprit, tout contribue à mon identité profonde. J'ai une conscience plus aiguë de ma charge de vie. Je vais continuer à aller là où personne n'est allé.

Mais…

Mais, maintenant, si je pars, je dois m'assurer que je rentrerai. J'ai une femme et deux enfants. Même si elle comporte des risques, ma passion doit aussi devenir un métier.

Il faut toujours rester concentré, car on ne sait jamais ce qui va arriver – Expédition *Pole2Pole*, Namibie, juillet 2016.

Mike fait donc de l'aventure sa profession... et se fixe des défis toujours plus ambitieux. Au péril de sa vie et dans des conditions humainement très difficiles, il est souvent confronté aux questions de son entourage. Pourquoi aller si loin? Est-ce bien nécessaire? Réponse ici.

J'ai lu des ouvrages sur le goulag pendant mon service militaire, des histoires d'hommes condamnés à périr dans les prisons de Staline, dans la Kolyma, là-bas, au bout du monde, dans un lieu où la température peut descendre jusqu'à -70 ° C. Braver l'hiver dans ces contrées, est-ce possible? Il me faudra marcher pendant deux ans et trois mois pour comprendre. Deux ans et trois mois sans rentrer à la maison.

Comment s'adapter à une température qui tourne autour de -50 °C? La notion de froid, dans ce cas, devient inopérante. Ce n'est pas du froid, c'est bien plus dévastateur. C'est un gel mortel, qui vous ronge les os, qui pénètre partout, qui solidifie votre âme. Une telle atmosphère est tellement rude qu'elle peut vous pétrifier en quelques minutes. Quand on crache, on éjecte un morceau de glace. Quand on pisse, on fabrique un jet solide, au risque de perdre son robinet! La moindre surface de peau exposée met en péril. Pour marcher là-dedans, il faut de l'endurance, de la volonté, du courage. Mais aussi de la peur: celle-ci préserve.

Les règles, il faut les suivre, c'est entendu. Mais, si elles nous donnent un cadre, elles nous laissent face à nous-mêmes. Les choix qu'on fait nous appartiennent. On peut suivre un chemin connu, une route inconnue, se laisser mener par les circonstances ou les dicter, être passif ou actif. En s'aventurant en dehors de sa zone de confort, chaque homme découvre que la vie a plus d'une seule facette, que les possibilités sont multiples. À se plaindre que la vie est dure, en doutant de soi, on ne réussit qu'une chose: se rendre l'existence plus pénible.

J'ai choisi ma vie, mon destin, mes confrontations, mes buts, mes idéaux. Ce changement de cap a eu un prix: j'ai pris des risques insensés, je me suis planté parfois, je me suis accroché toujours. Je n'ai qu'un ennemi: la routine. L'aventure, dans ses teintes infinies et ses expériences si diverses, m'enrichit à chaque minute.

Au-devant de vous se trouve ce que vous cherchez : l'aventure de la vie – Expédition *Arktos*, voyage autour du cercle Arctique, 2002-2004.

« Je peux toujours revenir au monde des autres. L'inverse est plus difficile. »

« Une fois largué
sur la glace,
tu es vraiment seul
et les vraies erreurs
sont interdites. »

Et Mike n'est bien sûr pas le seul à faire ces choix. D'autres aventuriers, tel le Norvégien Børge Ousland, avec qui Mike a atteint le pôle Nord dans la nuit la plus totale, sont partis explorer les moindres recoins de la planète au péril de leur vie. Leur départ, lors de cette expédition, abrite à la fois la peur et l'excitation. Pour ces hommes, ce choix à mi-chemin entre peur et excitation, c'est d'abord une chance.

L'appareil – suivi de près par son jumeau – nous emporte dans la nuit sibérienne avec nos deux photographes et notre chargement. Ronflement des rotors.

Børge et moi sommes serrés l'un contre l'autre dans l'habitacle. Il fait aussi sombre dedans que dehors et on ne se voit pratiquement pas, dans cette obscurité où luisent les voyants lumineux du cockpit. Deux heures de vol durant lesquelles peu de mots sont échangés. Le bruit des moteurs rend la conversation difficile. Chacun s'absorbe dans ses pensées. Une conversation que j'ai eue avec Børge, il y a quelques jours, me revient en mémoire.

– Pourquoi le pôle Nord? lui ai-je soudain demandé.

Je veux dire: pourquoi encore? Après tout, tu y es déjà allé en partant du Canada, en partant de Sibérie; tu l'as traversé en reliant les deux… Finalement, qu'est-ce que cet endroit a de tellement spécial pour que tu y retournes sans arrêt, comme attiré par un aimant? Son œil s'est allumé quand il m'a répondu, très vite:

– La magie.

– Quoi?

– C'est impossible à expliquer. Tu comprendras quand tu y seras.

Je souris en fermant les yeux.

On s'endort, on se réveille… On scrute la nuit par le hublot, tâchant vainement d'apercevoir quelque chose. La gorge serrée, j'éprouve ce mélange de trac et d'excitation qui accompagne toujours les grands départs d'expéditions. Et je sais que Børge, malgré tout son « métier », ressent la même chose. C'est l'arrivée en haut du plongeoir… Quand on parle de courage… c'est peut-être là qu'il en faut le plus: à ce moment charnière où on aurait encore le choix.

Mais l'avons-nous encore? Nous sommes d'ores et déjà au-delà de l'engagement total. Et la question « Qu'est-ce qu'on fait là? » ne se pose plus, puisque nous y avons répondu… en étant là. Non par goût du danger, mais par goût du challenge qui consiste à vaincre ce danger. Quand on a vu ce que j'ai vu, vécu ce que j'ai vécu, on a forcément de bonnes raisons d'être là où l'on est.

SE LIBÉRER PHYSIQUEMENT ET MENTALEMENT

Lors de son tour du monde en suivant la ligne de l'équateur, Mike doit traverser les trois océans du globe, les continents asiatique et africain ainsi que la forêt amazonienne. Après avoir vaincu le Brésil, l'aventurier se voit contraint d'avoir recours à la pirogue pour passer la Colombie et gagner l'Équateur. Rude épreuve, physique et mentale, que cette dernière traversée.

C'est ici que je quitte définitivement la Colombie pour entrer en Équateur, dernier pays de ma traversée de l'Amérique du Sud. Après, ce sera le Pacifique…

Ce moment où j'abandonne enfin ma pirogue, où je cesse enfin d'être un homme-tronc pour redevenir un homme debout, est extraordinaire. Je nage en pleine euphorie à l'idée que je n'aurai plus à chasser ou à pêcher, que je pourrai désormais acheter ma nourriture (j'ai encore quatre des cinq sachets d'aliments lyophilisés, transportés à travers la jungle), dormir dans des endroits où je serai – plus ou moins – en sécurité… Ne plus devoir pagayer à l'infini, des semaines, des mois entiers, à contre-courant…

Ne plus être éternellement assis sur ce petit banc qui oblige à trouver sans cesse le bon équilibre, la hauteur exacte… Être libéré, enfin, de ce balancement perpétuel qui vous arrache la peau des fesses et celle des pieds… de ces nuées de moustiques qui vous piquent jusque dans les yeux… Libéré des guêpes ! Un jour, d'un coup de rame levée trop haut, j'ai frappé un de leurs nids, au bord de l'eau. Elles m'ont attaqué aussitôt, m'obligeant, pour me défendre, à cesser de pagayer. Le courant m'a rejeté en arrière… Libéré de tous ces rapides, sur la Caquetá : autant de défis physiques et mentaux. Libéré de cette infinité de rivières, qui sont décidément faites pour être descendues ; comme, d'ailleurs, je les ai descendues lors de mes précédentes expéditions. Libéré…

Aller là où peu de gens veulent se rendre… voilà ce qui inspire mes choix de vie ! – Expédition *Latitude Zéro*, autour du monde en suivant l'équateur, forêt amazonienne, 1999-2000.

« Je ne suis pas attaché à un corps ; je suis attaché à l'esprit de la personne, à sa bonté. »

Libéré, Mike le sera quelques mois plus tard, lorsqu'il gagnera le Pacifique. C'est sur son trimaran *Latitude 0* qu'il célèbre le passage à l'an 2000, heureux et loin de toutes considérations matérielles.

La planète entière fête le passage à l'an 2000, ce 31 décembre 1999. Je sais que dans toutes les capitales du monde, des foules en liesse envahissent les rues, fixent du même regard des horloges géantes et lumineuses, attendent la seconde fatidique de minuit pour exploser avec les feux d'artifice…

Je fais partie des premiers Terriens à passer à l'an 2000, puisque je me trouve à l'intérieur du deuxième ou troisième fuseau horaire après la *dateline*, la ligne de changement de date.

Seuls quelques archipels océaniens franchissent le cap en même temps que moi. Là-bas, un peu partout dans la nuit, sur le grand Pacifique, il doit y avoir moins de feux d'artifice que de tam-tam et de ukulélés…

Moi, je n'entends que la respiration légère des vagues et le claquement répété de mes voiles dans le vent… Je ne ressens aucun regret, aucune tristesse d'être ainsi à l'écart de toutes ces réjouissances.

Contrairement à tant d'autres, je suis seul, je suis libre, et je fais ce que j'ai choisi de faire… un peu comme ces dauphins, qui me suivent en m'offrant un ballet aquatique dont la grâce vaut bien tous les feux d'artifice.

La liberté, c'est aussi apprendre à quitter les siens et se libérer des biens matériels. Avant chaque expédition, notre explorateur s'habitue donc progressivement au départ.

Cathy et les filles sont encore avec moi par la pensée. Je sais que, pour mettre toutes les chances de mon côté, il va me falloir les « oublier » – provisoirement, en tout cas – pour être concentré à cent pour cent sur ce que j'ai à faire. Ce sera l'aboutissement d'un travail mental commencé il y a déjà quelque temps.

Un travail indispensable.

On ne peut pas, du jour au lendemain, abandonner femme et enfants pour aller faire le tour du monde. Il est impossible, quand on a une famille, de sortir un matin comme on va au bureau, en disant: « À plus tard, chérie, je reviens dans un an et demi. » Pour avoir la moindre chance de succès dans une entreprise pareille, on a besoin du soutien inconditionnel et sans réserve de ceux qui nous sont proches. Sinon, on est retenu, freiné, handicapé comme une équipe qui joue en étant huée par ses propres supporters. Tous les sportifs savent à quel point il est plus difficile de gagner dans ces conditions.

Depuis un peu plus d'un mois, je me suis éloigné peu à peu de Cathy et des filles. J'ai mis de la distance entre nous, comme on anesthésie quelqu'un avant une opération. En étant moins souvent là, en ne prenant plus le petit-déjeuner avec elles, en n'allant plus chercher Annika et Jessica à l'école, en me forçant, parfois, à m'absenter un jour ou deux, je les ai, en quelque sorte, habituées à mon absence. Et me suis habitué à la leur...

Dernière étape du processus: une fois à Libreville, il m'a fallu « quitter » mentalement le confort et la bonne cuisine de l'hôtel *Méridien*, pour pouvoir entrer dans l'existence spartiate (le terme est faible) qui sera la mienne à partir d'aujourd'hui. J'ai commencé à opérer cette transition quand nous avons sorti mon bateau du conteneur. Elle a achevé de se faire au moment du baptême officiel, au *Yacht Club*. Brusquement, j'étais dans une bulle. Ailleurs. On me regardait, on me parlait, mais je n'entendais plus. J'étais déjà parti. Soudain, j'avais envie d'être seul.

L'amour donne la liberté de partir, mais il est aussi la raison qui nous fait revenir – Expédition *Latitude Zéro,* autour du monde en suivant l'équateur, Gabon, Afrique, 2000.

« Si je suis arrivé jusqu'ici, je crois que c'est d'abord parce que j'ai cru en moi-même, et parce que j'ai appris à ne jamais laisser les déceptions me faire perdre espoir. »

Quoi que l'on fasse dans la vie, il faut toujours laisser la place à la créativité et à l'imagination. C'est de cette façon que germent de brillantes idées – Expédition *Pole2Pole*, Océan Atlantique, mai 2016.

PANGAEA

Cette distanciation permet de se recentrer sur ce qui est important, une fois l'expédition engagée. Illustration lorsque Mike se trouve en terre de Barren, dans une solitude absolue propice à la méditation, au cours de son tour du cercle polaire Arctique.

Les yeux qui ont voyagé sont ceux qui voient le mieux – Expédition *Pangaea*, 2007-2012.

Pendant mes longues marches – plus de onze heures d'affilée, souvent –, je ne cesse de découvrir et d'apprendre. L'observation quotidienne des cristaux de glace, leur taille et leur forme, m'indique la moindre variation de température; la découpe des nuages m'annonce un prochain changement de vent… Mon cerveau n'arrête pas de fonctionner. Je passe une partie de ces longues plages de temps à tourner dans tous les sens des questions de cap et de navigation, une autre à penser à des choses auxquelles je n'ai jamais eu le loisir de réfléchir si profondément. N'étant distrait par aucune agitation humaine, aucun mouvement artificiel, aucune sollicitation visuelle, débarrassé des soucis immédiats et des contingences matérielles, l'esprit totalement disponible, je dissèque tel ou tel aspect de ma vie, ou me perds dans des réflexions plus générales qui peuvent concerner n'importe quoi.

Mon imagination travaille sans cesse, m'empêchant de devenir fou de solitude et de silence… […] C'est l'époque où les caribous se hâtent de traverser le golfe du Couronnement, avant qu'il ne dégèle, pour atteindre leur villégiature estivale de l'île Victoria. Leurs longues files indiennes me coupent la route, et mon arrivée les fait courir, paniqués, dans tous les sens. Grâce à mon cerf-volant – kite –, qui me rend aussi rapide qu'eux, je les suis, les rattrape, et m'amuse à glisser à leur côté. J'entends le crépitement de leurs sabots sur la glace et leur souffle précipité, je distingue la lueur inquiète qui danse dans leur œil rond, la brillance soyeuse de leur poil. Je suis l'un d'eux. C'est magique et exaltant.

« Plus on est honnête,
plus on devient libre,
parce qu'on n'a plus
à s'encombrer
de masques. »

L'un de mes nombreux rêves en tant qu'explorateur est de pouvoir voler et respirer sous l'eau. Ces dons me permettraient d'explorer encore plus le monde... – Expédition *Pole2Pole*, Antarctique, décembre 2016.

De même lors de son passage en Sibérie, où son esprit s'évade pour ne faire plus qu'un avec la nature.

Entre collines et plaines blanches, je trace jour après jour mon sillon dans la neige, avec en tête le rendez-vous que Cathy m'a fixé: le 22 avril. Les vols pour Tiksi sont rares et entrecoupés d'escales compliquées. Je dois absolument faire coïncider mon arrivée là-bas avec celle de ma famille (qui sera d'ailleurs accompagnée de quelques amis et sponsors).

Comme toujours, mon cerveau s'évade durant ces longues journées de marche. Le phénomène s'est accentué durant la « partie russe » de mon expédition, car, moins obnubilé par les questions techniques, j'ai l'esprit plus libre pour penser à autre chose... Je vais chercher au hasard, au huitième sous-sol de la bibliothèque de ma mémoire, des fichiers oubliés depuis vingt ans. Des images reviennent... Un copain de classe dont la mère lui avait acheté pour Noël de drôles de chaussures... Ces garçons à moto qui ont voulu nous piquer nos cartables et nos sandwiches, un jour où on pédalait en bande vers l'école... Mon père qui, pendant les vacances, m'a emmené voir la croix de Vasco de Gama... Les couches de nouvelles informations qui, chaque jour de nos vies, s'empilent

Le monde est une cour de récréation : sortez l'explorer !
Expédition *Pole2Pole*, Antarctique, décembre 2016.

sur les anciennes et les font disparaître à jamais, s'envolent, ouvrant des chemins auxquels je n'avais plus accès…

Sans être passéiste, je crois que chaque minute vécue est un trésor qui contribue à notre propre amélioration. À condition de la faire briller de temps en temps… […] Le vent, cette fois, joue en ma faveur en durcissant la neige, ce qui me fait gagner de la vitesse. Les monticules ne sont qu'un faible obstacle, et leur angle me sert encore une fois de boussole. Ma moyenne remonte au-dessus des 30 kilomètres par jour et, à mi-chemin de Tiksi, malgré mes résolutions d'avant Chokurdakh, je ne résiste pas à la tentation de déployer mon cerf-volant. Ce jour-là, je bats mon record russe : 84 kilomètres ! Quand le vent se calme et que je marche sur cette immensité plate et immaculée, j'y croise des traces de loup d'une taille impressionnante. Ce sont peut-être celles de l'animal qui me suit à distance, depuis un jour ou deux. Me souvenant des leçons de Simon, je tâche de voir si sa fourrure est râpée sur les flancs, ce qui signifierait son appartenance à une horde, donc un danger potentiel. Mais il est encore trop loin…

Une partie de mon cerveau reste en état d'alerte permanent. Mais quand les grands faisans blancs de l'Arctique croisent ma route, j'oublie toute appréhension et me contente de les admirer.

Enfin, la liberté, c'est aussi savoir vivre de peu. Mike le réalise lors des conditions extrêmes de son expédition au pôle Nord, dans la nuit totale, avec l'aventurier Børge Ousland.

Malgré nos efforts de communication, et quel que soit l'intérêt qu'on peut porter à notre expédition, je reste persuadé que personne ne peut avoir la moindre idée de ce que nous vivons réellement. C'est pourquoi, au-delà des mots et des photos, ce sont nos douleurs, nos peurs, nos émotions, nos joies, aussi, que j'essaie de transmettre à tous ceux qui nous font l'amitié de nous suivre. L'eau noire, la nuit sans fin, les fauves aux aguets, les brûlures du froid, la peur à chaque seconde de sentir la glace céder sous nos pas, l'épuisement de la marche à l'aveugle, harnachés comme des bêtes de somme, le réconfort de la tente et du repas chaud… Je voudrais donner aux « Terriens » un aperçu de cette planète inconnue où nous avons choisi d'aller nous perdre et, peut-être, une très faible idée de ce que nous traversons, jour après jour. Je voudrais leur faire comprendre comment et pourquoi chacun de nos pas est un engagement qui exige la totalité de nous-mêmes et davantage encore.

Soyez attentifs à ce qui vous entoure : la nature a toutes les réponses – Expédition en hiver au pôle Nord avec Børge Ousland, 2006.

Plus l'épreuve est dure, plus les situations sont inextricables et les obstacles surhumains, plus j'envoie de photos. Comme si l'abondance d'images devait être proportionnelle à la dureté de l'épreuve, pour que les autres la comprennent.

Justement… nos photos n'ont jamais été aussi belles que depuis que la lune, enfin réapparue, est venue rendre l'obscurité un peu moins profonde. Ici, sur le toit du monde, elle est plus proche – une dizaine de milliers de kilomètres – et plus présente, puisque débarrassée de son écran de pollution. Elle semble plus grosse et on distingue nettement des cratères et autres détails jusque-là invisibles à l'œil nu. D'une dimension sans commune mesure avec l'astre qui fréquente habituellement nos nuits, elle baigne désormais la banquise d'une phosphorescence qui semble animer les surfaces liquides et surgir de l'intérieur même de la glace. Dans cette pâleur tombée de nulle part, cette « obscure clarté »

L'horizon s'étend au loin, ouvrant la voie au changement, pas après pas.
Expédition *Pole2Pole*, Antarctique, décembre 2016.

qui nous environne comme un sortilège, nous sommes deux silhouettes fantomatiques, avançant comme des robots dressés sur une planète étrange, tellement irréels que si d'aventure quelqu'un nous apercevait, il croirait sûrement avoir rêvé. À moins que ce ne soit nous qui rêvions…

Malgré la dureté de ce que nous vivons au quotidien – une dureté que j'évoque sans pour autant m'en plaindre, car, après tout, personne ne nous oblige à être là –, je ne peux m'empêcher de nous considérer comme des privilégiés. Qui aura vu ce que nous aurons vu ? Vécu ce que nous aurons vécu ? Qui est aussi riche que nous ?

La nature des richesses humaines – matérielles, financières, spirituelles, etc. – est une question que les penseurs agitent depuis l'Antiquité. Sans vouloir m'aventurer sur le terrain des philosophes, je me dis que notre aventure est la parfaite illustration d'un principe que j'ai passé ma vie à mettre en pratique : la fortune tient moins aux possessions accumulées qu'à la capacité à vivre avec peu.

Pour nous, ici et maintenant, la fortune, c'est ce que nous avons avec nous. Rien de plus, rien de moins. Le peu que nous possédons a une valeur inestimable. Je n'ai besoin pour vivre que du contenu de mon traîneau. Mais de TOUT le contenu. Le moindre objet emporté – à l'exception de mon drapeau – m'est indispensable. Vital, même.

Faites-vous confiance, mais faites aussi confiance aux autres : si plusieurs personnes joignent leurs forces pour un but commun, ensemble, elles peuvent aller plus loin.
Expédition en hiver au pôle Nord avec Børge Ousland, 2006.

« Comme mon père me l'a toujours dit, et comme je le répète aujourd'hui à mes filles : il faut garder les pieds sur terre pour pouvoir toucher les étoiles. »

SURVIVRE POUR APPRENDRE À VIVRE

AVOIR UN MENTAL D'ACIER

Mike ne serait pas devenu l'aventurier que l'on connaît sans une bonne dose de volonté et de discipline mentale. À son retour d'expédition au pôle Nord en compagnie du Norvégien Børge Ousland, il explique selon lui quelles sont les clés du succès : la force mentale, mais aussi le travail d'équipe et l'adaptation à l'autre.

En unissant leurs forces, le « roi de l'Arctique » et le « navigateur » ont réussi ce qu'aucun homme n'avait jamais réussi. Toute modestie mise à part, on n'en est pas peu fier. Si on me demandait le secret de notre réussite, je répondrais qu'elle tient en trois éléments clés.

Un : l'alignement parfait des planètes Nature, Physique, Mental, Timing. (Je sortais d'une expédition arctique et je cherchais un autre projet ; Børge avait celui-là en tête pour couronner sa carrière, et il était en quête d'un partenaire.)

Deux : une motivation en béton autour d'un même but.

Trois : avoir réussi à former une véritable équipe avec deux individualités que rien ne prédestinait à fonctionner ensemble. Au début, on était tous les deux en compagnie de quelqu'un, mais réellement avec personne. Au fur et à mesure, les deux fortes personnalités que nous sommes ont su faire dans l'intérêt commun, s'adapter et modifier leurs façons respectives de fonctionner. Et quand le but a été atteint, chacun a retrouvé ses habitudes, ses spécificités.

Pendant que nous marchions, en alternant les places une dernière fois, sur les quelques kilomètres qui nous séparaient encore du pôle, je regardais Børge en pensant à l'incroyable manière dont nos rapports avaient évolué. Entre nous, les choses n'ont pas toujours été faciles. Il a son caractère et j'ai le mien. Même si on se connaissait, même si on était amis, même si Børge, sur *Arktos*, m'avait apporté son aide et le soutien de son expérience, nous restions deux individus totalement différents, presque deux étrangers, au départ de cette aventure.

Parce que nous n'avions jamais vécu ensemble en expédition, nous nous sommes lancés en ignorant tout du comportement intime et quotidien de l'autre. Malgré notre amitié et notre respect mutuel, le risque était donc total. Mais nous étions déterminés, lui et moi, à ne rien laisser nous détourner de notre objectif commun : atteindre le pôle. C'est cette détermination partagée qui a gommé toutes

D'abord deux, nous n'avons plus fait qu'un. C'est alors que l'impossible est devenu possible – Expédition en hiver au pôle Nord avec Børge Ousland, 2006.

« *Je veux aller au bout de mes capacités. C'est en affrontant la difficulté que je trouve l'essence de ma vie.* »

Ne laissez pas un peu d'ombre au tableau vous empêcher de franchir les obstacles de la vie – Expédition en hiver au pôle Nord avec Børge Ousland, 2006. Ci-contre : Børge Ousland.

nos différences et fonctionné comme un catalyseur.

Bien sûr, tout ne s'est pas fait du jour au lendemain. Mais nous avons su tirer parti de chaque incident pour le positiver et en dégager l'enseignement nécessaire. Un exemple ? Le fait de ne pas me réveiller, une nuit où un ours a glissé la tête à l'intérieur de la tente, a produit un triple bénéfice. Un : j'ai dû aiguiser ma vigilance ; deux : l'adapter à un travail en tandem ; trois : me rappeler que j'étais responsable de la vie de Børge, autant que lui de la mienne.

Avec lui, je suis retourné à l'école. Mais cette expérience m'a valu de gravir un degré supplémentaire dans l'échelle de son respect.

De son côté, mon coéquipier s'est montré, à l'usage, plus souple qu'il ne l'était au départ. En cours de route, Børge a appris qu'il n'y avait pas seulement « la bonne manière de faire les choses, la mauvaise, et la sienne », mais qu'il y avait aussi la mienne. Et qu'elle méritait également un minimum de considération. Pour peu que l'on commence par sa méthode à lui, il s'est avéré prêt à essayer toutes les autres. En cela, il a révélé une ouverture d'esprit, une disponibilité et une curiosité qui n'ont fait que s'ajouter, pour moi, à la liste de ses qualités.

En plantant nos petits drapeaux sur le pôle, nous savions l'un et l'autre que tout ce que nous venions de traverser, de vivre ensemble, avait gommé nos différences, effacé nos quelques disputes. Nous nous sommes entraidés, mais surtout, nous avons utilisé au maximum les qualités et les capacités de l'autre de façon à atteindre notre objectif commun. Résultat : nous étions deux amis au départ de cette expédition ; nous étions deux frères en arrivant au bout.

Sans même nous consulter, c'est le terme qui allait revenir dans nos conversations, nos interviews et conférences de presse respectives, au fil des jours et des semaines qui suivraient notre retour à la « civilisation ».

Même éloignés par la géographie – Børge vit à Oslo, moi en Suisse – et la rareté de nos contacts, nous sommes restés unis comme les deux griffes d'un ours. Je me suis réhabitué à dormir dans un lit, sans être secoué trois fois par nuit par Børge et son « Tu as entendu ? ». Mais chaque fois que résonne le « bip… bip… bip… » d'un réveille-matin, une voix grave et lointaine me murmure le même mot à l'oreille : « *Time* »…

PANERAI

« Si une aventure est seulement physique, ce n'en est pas vraiment une. »

La clé de la réussite, c'est de ne pas lâcher prise : démonstration lors d'une tempête aux Philippines qui manque d'emporter le bateau de Mike, *Latitude 0*. Mais notre explorateur, au péril de sa vie, refuse de l'abandonner au risque de voir son aventure prendre fin.

Les paradis terrestres, hélas, ne sont pas à l'abri des colères de la Nature. Soudain, une tornade, en route pour les Philippines, s'annonce dans ce ciel de rêve. Dans la petite anse naturelle où est niché le Froggie's Diving Center, mon bateau est amarré, non loin d'une jetée, à un « corps-mort », une buse de béton posée sur le fond et prolongée d'une corde. Pour faire bonne mesure, j'ai jeté l'ancre, assurant ainsi un double point d'attache à *Latitude 0*.

Il fait presque nuit lorsqu'en quelques minutes, les vents se déchaînent. Des vagues énormes jettent à travers la baie leurs rouleaux furieux, qui s'écrasent d'abord sur la jetée et passent bientôt par-dessus.

Le vent hurle. Les bateaux ancrés dans l'anse sont arrachés à leurs amarres et jetés en l'air comme des bouchons de liège.

Presque tout de suite, la corde qui relie *Latitude 0* à sa buse de béton, casse. Son ancre traînant sur le fond, mon bateau est couché sur le flanc par la force des vagues et projeté contre les piliers de béton de la jetée. Sous le choc, mon flotteur gauche explose littéralement. Dans une tentative désespérée pour limiter les dégâts, je me jette à l'eau. Aidé par Martin, Sean, un plongeur amateur néerlandais et quelques Indonésiens qui travaillent ici, je me bats comme un fou pour essayer de repositionner mon bateau face aux vagues, ce qui réduirait l'effet destructeur de leur impact. Dans l'eau jusqu'à la taille, je constate qu'il y a deux ou trois énormes trous dans mon flotteur gauche. Ça peut peut-être se réparer, à condition que les dégâts s'arrêtent là. Mais les vagues nous balayent, nous recouvrent et nous étouffent. Nous n'arrivons pas à lutter contre leur puissance… Elles continuent inexorablement, malgré nos efforts, à frapper mon bateau par le flanc et à le projeter contre les piliers. Bientôt, le flotteur est en morceaux. Dans l'obscurité, avec les paquets de mer qui m'arrivent sans cesse dans la figure, je ne parviens plus à compter les trous et les fissures… Chaque fois que nous réussissons à éloigner mon trimaran de la jetée de béton, la vague suivante l'y rejette.

Épuisés, les Indonésiens finissent par renoncer. Ils sortent de l'eau en me criant d'en faire autant, d'abandonner mon bateau, qu'il n'y a plus rien à faire… Le plongeur hollandais, à bout de force lui aussi, ne tarde pas à les imiter.

Martin, Sean et moi, nous nous obstinons, contre toute évidence, toute logique… Je ne veux pas renoncer. Il n'en est pas question. Je refuse de laisser l'ouragan me priver de ma victoire, détruire

Célébrez la vie, c'est un vrai cadeau ! – Expédition *Latitude Zéro*, autour du monde en suivant l'équateur, Brésil, arrivée après avoir traversé l'Atlantique en un temps record, 1999.

mon bateau et tous mes espoirs en même temps…

Une nouvelle fois, mon trimaran est couché par une vague et projeté contre les piliers de la jetée. Cette fois, je m'interpose. Mais le poids du bateau, lancé comme un boulet, m'écrase contre le béton. Une douleur fulgurante me transperce comme un coup de poignard. Je hurle dans la tornade qui emporte mon cri. Un coup d'œil rapide : j'ai une plaie ouverte au-dessus de la hanche.

Les Indonésiens, qui sont encore là, ont tout vu. Ils s'emparent de moi et veulent à toute force me sortir de l'eau. Ils me crient que je vais me tuer si je ne rentre pas immédiatement me faire soigner…

Je les envoie promener. Qu'ils rentrent si ça leur fait plaisir. Moi, pas question. J'ai à faire. Une vague frappe l'arrière du bateau et arrache de son support le petit moteur 9 chevaux que Martin a acheté à San Diego, fait descendre avec le bateau par conteneur, et qu'il a utilisé pour manœuvrer dans le port de Guayaquil (c'est obligatoire, dans les ports, à moins de n'avoir que des voiles). Le moteur tombe à l'eau et coule, juste en dessous du bateau. Avant que l'un de nous ait le temps de réagir, une deuxième vague, plus grosse que toutes les autres, ramasse le trimaran comme un œuf avec une cuiller et le projette sur la plage et les rochers qui jouxtent la jetée. Il retombe, coque en l'air sur le sable, dans une série de craquements sinistres que je perçois malgré les hurlements du vent. Le mât, au passage, s'est abattu dans les arbres qui bordent la plage étroite. De leurs branches ou de mon mât, je ne sais pas encore qui a le plus souffert…

Encore une vague, et *Latitude 0* est de nouveau aspiré par la mer. Je me retrouve accroché à l'avant. Sean, lui, essaie de couper le câble de l'ancre qui ne sert plus à rien. Avec le peu de mots que nous avons pu échanger, nous avons décidé d'amener coûte que coûte le bateau au-delà de la cassure des vagues, là où les rouleaux ne pourront plus le massacrer. Martin, pendant ce temps-là, plonge pour récupérer le

« Trouver qui l'on est au travers des exploits n'est pas possible si on se protège trop. »

moteur. Je passe à l'arrière. Dès que mon frère émerge en tenant le 9 chevaux à bout de bras, je m'en empare et, luttant avec le bateau qui fait des sauts de cabri, tâche de le réinstaller dans son logement. J'y arrive enfin et appuie sur le démarreur. Comme on pouvait s'y attendre, le moteur, noyé par son séjour dans l'eau, tousse et refuse d'abord de démarrer.

Miracle ! Il repart enfin ! Je saute à bord et mets pleine puissance. Mais ce petit 9 chevaux, fait pour manœuvrer dans les ports, n'est pas assez puissant pour lutter contre les rouleaux. J'arrive tout juste à me placer face aux vagues. Qui, une nouvelle fois, soulèvent mon trimaran et le rejettent sur le sable. Le moteur en a profité pour se libérer à nouveau et sombrer encore une fois sous le bateau.

Là, c'est moi qui plonge. Je le récupère et le réinstalle, pendant que l'ouragan fait passer la mer par-dessus la jetée et me jette encore contre les piliers de béton. Malgré moi, je fais des allers-retours entre la jetée et la mer qui m'aspire entre deux vagues énormes, mais je n'arrive toujours pas à me placer face à elles. Pourtant, il faut absolument que je parvienne à me dégager. Il suffirait d'un rouleau un peu plus puissant que les autres pour faire éclater ma coque contre les piliers… et peut-être me tuer, en plus.

Une nouvelle tentative et le moteur, cette fois, démarre du premier coup. Dans la nuit, j'aperçois

Il n'y a pas de problèmes, il n'y a que des solutions.
Expédition *Pangaea*, Indonésie, 2008.

PETZL

La grandeur et le pouvoir de la nature ne cesseront jamais de m'émerveiller – Expédition *Pangaea*, 2007-2012.

les silhouettes de Martin et de Sean courant comme des fous sur la jetée… Je pousse le moteur à fond, mais sa faible puissance est insuffisante contre les vagues. Alors, je tente le tout pour le tout et, malgré les vents qui soufflent en tempête, je déploie mon foc en entier, d'un seul coup. Il se gonfle à éclater en une fraction de seconde. Cette fois, ça y est: j'avance. J'éperonne les rouleaux.

Martin, depuis la jetée, me pousse… Enfin, je réussis à passer par-dessus les vagues, au-dessus de la barrière de corail où elles se brisent. Sauvé ! Au large, l'ouragan souffle plus que jamais et la mer est toujours déchaînée, mais plus de rouleaux et plus de piliers de béton. J'envoie une main à tâtons sur mon flanc et la ramène pleine de sang. On verra plus tard. Je sursaute : une silhouette, là, à l'avant de mon bateau ! Je réalise que c'est Sean, que je n'ai pas vu sauter à bord ; il est occupé à récupérer le câble coupé de l'ancre…

Quelque part au large, pas très loin de l'île, nous tombons sur une bouée. Sean plonge aussitôt et nous y amarre. Je coupe le moteur et amène le foc. Le bateau continue de monter et de descendre comme sur des montagnes russes, mais il ne risque plus rien. Nous non plus.

La tornade se calme cinq heures après avoir commencé, laissant derrière elle quelques bungalows dévastés et trois bateaux de pêche démolis. À Bunaken, le paradis reprend ses droits. Mon bateau est en piteux état. Moi aussi : je suis ouvert jusqu'à l'os. Un coup d'agrafeuse médicale magique… et ça devrait aller.

Bloqué à mi-parcours lors de son tour du cercle polaire, Mike fait le point sur sa situation et comprend que ce qui lui a permis d'arriver jusqu'ici, c'est une détermination hors du commun.

On ne peut apprendre des autres que lorsque l'on sait les écouter – Expédition *Pole2Pole*, Nouvelle-Zélande, avril 2017.

J'ai failli mourir dans l'eau glacée, j'ai senti les crocs des ours polaires contre mon visage, j'ai survécu à des températures de - 60 °C; j'ai fait des détours de 1 200 kilomètres dans la nuit totale de l'hiver arctique, j'ai eu les doigts, la figure et même les poumons gelés, j'ai lutté cinq jours et cinq nuits, dans mon bateau crevé par un tronc d'arbre, pour atteindre les côtes du Groenland, avant de battre le record mondial de la traversée de ce pays; j'ai perdu tout mon équipement et j'ai commencé à brûler vif… et je n'en suis qu'à la moitié de mon voyage! Cette expédition aura été l'une des plus dures, mentalement et physiquement, de ma carrière, car l'Arctique est un maître qui ne tolère aucune erreur. L'une des plus passionnantes aussi, puisque tout ce que j'ai affronté était nouveau pour moi. Mais je peux bien avouer qu'au cours de ces quatorze mois, je n'ai trouvé le courage de surmonter certaines épreuves que parce que j'ignorais les souffrances qu'elles représenteraient.

Maintenant que je le sais, je serais incapable de recommencer. C'est dire si je suis déterminé à ne pas me laisser arrêter. Pour garder la forme, j'ouvre à coups de sécateur des chemins dans la broussaille qui s'élève à hauteur d'homme; je cours dans la toundra en traînant derrière moi une paire de pneus de 4×4; j'escalade les montagnes environnantes, poussé par la question qui fait voyager les hommes depuis la nuit des temps: qu'est-ce qu'il y a derrière? Mais derrière, il n'y a rien. Le « rien » absolu sur des millions de kilomètres carrés. De la toundra, des reliefs secs ou neigeux, des lacs bleu acier… et pas une route, ou presque, dans ce pays où voyageurs et fret ne se transportent qu'en avion. Je croise un orignal, cet équidé géant qu'on rencontre dans le Grand Nord; un ours kodiak vient parfois renifler aux abords de ma cabane; le silence est si profond que j'entends battre mon propre cœur. Non loin d'ici, sur un sommet, quatre menhirs carrés dressent

*« S'ils ne sont
pas effrayants,
tes rêves ne sont pas
assez grands. »*

Restez simples, la vie n'en sera que plus belle ! – Expédition *Pole2Pole*, Namibie, juillet 2016.

leurs crocs vers le ciel. Ce sont les restes d'une des citadelles abandonnées de la DEW Line, dont les radars et les sentinelles ont guetté pendant quarante ans le plus petit mouvement de troupes, le plus léger glissement de bottes chez l'ennemi communiste. Qui, bien entendu, faisait de même. Russes et Américains se sont surveillés ainsi, en chiens de faïence, pendant près d'un demi-siècle. Et puis, plus rien ; comme si ces décennies de folie n'avaient été qu'un mauvais rêve. Ces dérisoires vestiges de la Guerre froide ne sont plus aujourd'hui que des bornes sans objet, une Grande Muraille version américaine, les touristes en moins.

De quoi réfléchir à la vanité des entreprises humaines. Les miennes ne résisteraient pas au test du bon sens le plus élémentaire.

Pourtant, depuis plus de dix ans, c'est d'une manière professionnelle, organisée et réfléchie que je pratique ce que la plupart des gens considèrent comme de la folie suicidaire : descente de l'Amazone à la nage, tour du monde en suivant l'équateur… Je suis aventurier de l'extrême comme d'autres sont libraires, profs ou charcutiers. Je récuse l'étiquette de surhomme qu'on me colle parfois. Je ne veux être – je ne suis – qu'un type ordinaire qui fait des choses sortant de l'ordinaire. Si j'ai un atout de plus que la moyenne des individus, c'est une détermination qui ne se laisse arrêter par aucun obstacle. Ni par des températures de - 60 °C, ni par la rage meurtrière des fauves de la glace, ni par le déchaînement des mers arctiques… Encore moins par quelques fonctionnaires trop zélés.

« Sans peur,
je ne respecte plus
ma vie ni les éléments.
Il faut l'appréhender
pour la vaincre. »

« La clé de la survie, c'est l'accumulation des connaissances plus que les armes. »

En pleine montagne, Mike et ses compagnons sont pris dans une avalanche. Heureusement, ils en réchappent… ce qui n'a pas été le cas de certains grimpeurs, moins fortunés. Après un tel événement, Mike doit aller puiser au plus profond de ses forces pour reprendre son ascension.

Mais brusquement, la montagne explose. Avalanche ! Impossible de rien distinguer, sauf le nuage de poudreuse qui précède la vague. Un grondement sourd parcourt l'espace. Je sens la montagne bouger sous moi.

Une avalanche de poudreuse comme celle-ci atteint très vite 200 ou 300 km/h. Elle provoque d'énormes dégâts, rien ne résiste. Il arrive que les hommes soient tués par le souffle, avant même que la neige ne les atteigne.

Par chance, nous ne sommes pas sur le parcours. La langue de neige déferle non loin de nous, puis c'est le silence, de nouveau. Silence de mort.

Je lève la tête. Je vois que Jean me cherche du regard, il me fait signe, et se tourne vers l'endroit où étaient Fred et Olivier. Ils ont disparu. Mon cœur se serre. Nous regardons dans tous les sens. La poussière de neige retombe. Rien. Rien. Puis…

Puis deux points de couleur émergent. Ils sont au-dessus d'une bosse qui les a protégés en divisant l'avalanche en deux coulées. Ils agitent les bras, en gueulant de joie. Vivants ! Vivants ! Nous avons la baraka. La montagne nous a fait signe.

L'avalanche, en balayant tout, a dénudé les cordes qui pendent au milieu du couloir. Elles étaient couvertes de glace, elles sont maintenant libres. Ont-elles été posées cette année ou la saison passée ? Dieu merci, Jean, se méfiant des goulets, a suivi une voie à l'extérieur de l'entonnoir, à la limite des rochers. Déjà, il parvient à la corniche qui marque la dernière étape. Ma fatigue a disparu. Dopé par l'adrénaline, je retrouve un second souffle. Encore 50 mètres… 50 mètres avec, dans mon subconscient, ce drame qui me hante mais ne me freine pas, au contraire. Deux jours plus tôt, l'un des Tchèques que l'on avait croisés est tombé. La corde sur laquelle ils étaient arrimés a cassé. Son corps a rebondi trois ou quatre fois avant de s'immobiliser en bas de la pente. Mon cœur s'est serré en apprenant qu'il s'agissait de Karel, le jeune gars si fier d'avoir été reconnu par Jean. C'est un alpiniste australien qui nous l'a raconté.

La montagne ne pardonne pas la moindre erreur. Les muscles sont secondaires, alors ce qui compte, c'est le moral, la volonté, le but. On ne grimpe pas avec ses cuisses et ses bras. On grimpe avec ses tripes.

Expédition *#DrivenToExplore*, voyage de la Suisse au Pakistan en vue de l'ascension du K2, Pakistan, juin 2015.

SCOTT

« Comme moi qui ne suis pas toujours arrivé au sommet, il faut continuer de se battre. L'espoir d'arriver un jour en haut de la montagne doit toujours rester vivant. »

La planète n'a pas besoin de nous pour survivre, c'est nous qui avons besoin d'elle. Apprenons à l'apprécier et à la respecter – Expédition *#DrivenToExplore*, voyage de la Suisse au Pakistan, K2, Pakistan, juin 2015.

DÉVELOPPER UN INSTINCT DE SURVIE

On présume trop souvent de ses forces… C'est ce que Mike va apprendre peu avant d'atteindre le Brésil lors de son expédition *Latitude Zéro*, lorsqu'il a le malheur de baisser la garde quelques heures. Même des moments insignifiants peuvent coûter la vie ; il comprend qu'il ne doit pas prendre à la légère ses conditions de sécurité et être plus vigilant s'il veut rester vivant. Seule solution : réfléchir et agir vite pour éviter le pire.

Plus que deux ou trois jours avant d'atteindre l'embouchure de l'Amazone et la ville brésilienne de Macapá, ma première escale. J'ai bien mérité mes deux heures de sommeil. Demain, il fera jour. Malgré les vagues sur lesquelles mon trimaran joue aux montagnes russes, je m'endors comme un bébé.

Une détonation me réveille en sursaut. On m'a tiré dessus, ou quoi ? Nu comme un ver, un flot d'adrénaline se déversant dans mes veines, je me rue sur le pont et découvre l'ampleur du désastre. C'est la drisse qui vient de céder dans un claquement d'arme à feu.

La drisse, c'est le câble en Kevlar qui sert à hisser la plus grande de mes voiles, le gennaker. Fixée au sommet de la toile, la drisse descend ensuite à l'intérieur du mât, qui est creux, et passe par une poulie avant de s'enrouler autour du winch, situé près de la barre (pour pouvoir tout manœuvrer en même temps). Apparemment, la drisse n'a pas résisté au frottement répété contre le sommet du mât. En se cassant, elle a libéré le gennaker, qui est tombé à l'eau à l'avant du bateau. Celui-ci, toujours poussé par la grand-voile, file à 12 nœuds (environ 18 km/h) et passe par-dessus le gennaker. Lequel, toujours accroché à la bôme par l'autre extrémité, s'enfonce et tire le trimaran vers le bas, lui faisant piquer du nez dans les vagues. Avec une tension pareille, tous les points d'attache vont finir par céder et je perdrai définitivement mon gennaker.

Dans un réflexe, je me jette sur le filet de sécurité qui relie la coque aux flotteurs, et me retrouve couché à l'avant de l'un d'eux.

D'un bras, je l'enserre comme un gros polochon. De l'autre, je tente d'arracher aux profondeurs de l'océan cette voile immense (elle a deux fois la taille de la grand-voile) qui, gorgée d'eau de

La vue est toujours plus belle d'en haut.
La vie à bord du *Pangaea*.

mer, pèse des tonnes. Heureusement que je suis costaud. Peu à peu, je réussis à en sortir une partie, que j'entasse sur le filet, à côté de moi…

La houle est toujours aussi forte. Telle une figure de proue sur un ancien voilier, je fais des plongeons à répétition dans les vagues. Quand je ne les traverse pas, elles s'écrasent sur moi et me balayent comme pour me désarçonner. Obligé, chaque fois, de retenir ma respiration, j'étouffe… et je continue, d'une main, à tirer de toutes mes forces sur cette voile pour l'arracher à la mer. Peu à peu, la toile mouillée s'entasse dans le filet. Mais la plus grande partie est toujours immergée…

Brutalement, la panique me glace : je viens seulement de réaliser que je ne suis pas attaché ! Je suis accroché, nu comme un ver, à la pointe d'un flotteur, par gros temps… et je n'ai même pas enfilé mon harnais de sécurité ! Cette fois, je vais payer cette erreur de ma vie, c'est sûr…

Je voudrais revenir sur le bateau, mais c'est impossible : le morceau de voile qui se trouve à côté de moi sur le filet ne cesse de replonger. Chaque fois, il manque d'extrême justesse de m'entraîner avec lui. Tant pis pour le gennaker. Je préfère qu'il coule, plutôt que moi. Dans un réflexe de survie, je le lâche. Mes bras se crispent autour de cette étrave qui me paraît soudain plus fine qu'une branche…

Mais c'est plus fort que moi : je ne peux pas me résigner à perdre mon gennaker, que la vitesse du bateau entraîne toujours vers le fond… avec une force contre laquelle je ne peux pas lutter.

J'essaie de réfléchir, malgré la mer où je plonge et replonge à une cadence d'aviron en course. Les idées s'entrechoquent dans ma tête. Enfin, l'une d'elles s'impose. Abandonnant provisoirement ma voile, je saute sur le bateau et je « choque l'écoute ». En clair, je libère brutalement le winch et la grand-voile s'effondre. Aussitôt, le bateau ralentit. Je retourne sur le flotteur. Cette fois, j'arrive enfin, morceau par morceau, à sortir mon gennaker de l'eau. Je le jette en tas sur le filet, où je l'attache provisoirement.

De retour sur mon trimaran, je hisse le foc et branche le pilote automatique. Il faudra que ça aille comme ça, pour le moment. Je tremble de partout. Entre le contrecoup nerveux et l'épuisement physique, je ne tiens plus debout. Oubliant tout le reste, je me couche et m'endors aussitôt.

Le lendemain matin, après avoir récupéré, j'entreprends un rafistolage sommaire qui devrait me permettre de finir ma traversée.

Après avoir attaché un câble de pêche en nylon au gennaker « sauvé des eaux », je grimpe au sommet du mât, dans lequel je glisse l'autre extrémité du câble. Je le fais ensuite passer par la poulie, avant de l'enrouler autour du winch.

Je peux de nouveau hisser mon gennaker. Il se déploie fièrement dans une lumière qui ressemble presque à du soleil. Le bateau se jette en avant comme si j'avais écrasé l'accélérateur…

Il faut s'adapter à son environnement tout comme on adapte ses voiles au vent.
Expédition *Pole2Pole*, Afrique du Sud, novembre 2016.

« Au fil de mes exploits, sur la route de mes explorations, je me suis forgé une philosophie portable. Elle n'est pas constituée de livres savants, ni de termes abstraits. Elle est simple comme la branche d'un arbre : il faut s'adapter. »

MOUNTAIN
HARD
WEAR

« J'ai cru à un moment ne plus savoir qui j'étais vraiment. En partant à nouveau, j'ai su… c'est ma source de vitalité. »

La vie à bord du *Pangaea*.

Ce qui nous définit, c'est la façon dont on se relève après une chute – Expédition *Pole2Pole*, Antarctique, décembre 2016.

Sur la banquise aussi, Mike commet des erreurs « de débutant » : trop pressé, il manque d'y laisser sa peau. Mais il apprend de ses fautes et développe ainsi un instinct de survie qui lui permettra de profiter pleinement de la suite de son expédition et d'arriver à destination.

Il y a vingt et un jours que j'ai quitté le cap Artechevsky, et – malgré plusieurs problèmes de peau de phoque – j'ai le moral au beau fixe. Les journées s'allongent, je me repère plus facilement, les températures deviennent comparativement plus clémentes (autour de - 30 °C), le traîneau s'allège à mesure que je consomme ce qu'il contient. Avec l'exploit en ligne de mire, je suis le roi du monde.

La surface gelée qui se présente soudain devant moi est enserrée entre deux gigantesques monticules de glace, soulevés par la pression contraire de deux masses glaciaires. Cette pression, capable de faire éclater comme du petit bois des couches de 5 mètres d'épaisseur, a projeté en l'air des éclats de banquise qui, en retombant comme les pièces d'un jeu de construction jetées en vrac, ont créé ces petites montagnes. Lorsque les masses glaciaires se sont de nouveau séparées, elles ont laissé entre elles cette surface, que le froid a aussitôt recouverte d'une mince couche de glace.

« L'attitude mentale me paraît essentielle. Si je me réveillais un matin en geignant sous prétexte que c'est dur, alors mon corps se révolterait, rejetterait tout en bloc et ce serait la fin. »

La prudence voudrait que j'en fasse le tour. Mais dans l'état d'esprit qui est le mien, je me sens pratiquement capable de marcher sur les eaux. J'ai avec moi une sorte de combinaison imperméable, prévue pour le cas où je serais amené à me risquer sur une glace peu sûre, par exemple. Cette « enveloppe », qui tient à la fois de la combinaison de plongée et des cuissardes de pêcheur en rivière, est assez ample pour que je puisse l'enfiler par-dessus ma tenue, chaussures comprises. Elle comporte des bras, fermés aux extrémités, et ne laisse dépasser que la tête. Si je tombais à l'eau, elle me sauverait la vie en empêchant mes vêtements de s'imbiber et en me permettant de flotter, grâce à l'air retenu à l'intérieur. Je pourrais même nager jusqu'à l'autre rive. Et une fois au sec, je n'aurais qu'à l'enlever pour éviter de geler instantanément.

Seul inconvénient de cet accessoire de survie : il faut du temps pour s'y glisser et du temps pour s'en extraire. Or je suis pressé et je n'ai pas envie de perdre une minute de plus. Cette « vallée » n'est pas trop large… Je décide de prendre le risque de me passer de combinaison.

En m'aventurant sur cette surface fragile, j'en testerai régulièrement la résistance selon une méthode enseignée par Børge Ousland et qui consiste, à intervalles réguliers, à y planter énergiquement mon bâton de ski trois fois de suite. Si le bâton ne traverse qu'au troisième impact, j'ai 70 % de chances de passer.

Mais la glace étant de moins en moins épaisse en s'approchant du milieu, les 70 % deviennent 50 %, 40 %… Par conséquent, la marge de sécurité idéale, c'est quand le bâton ne traverse la glace qu'au quatrième impact.

Au deuxième planté, le mien passe au travers : j'évalue à 50 % mes chances d'arriver sans encombre de l'autre côté. 2 mètres… 3 mètres… 4 mètres… J'avance avec précaution, en évitant les secousses et les gestes brusques, en posant mes skis sur la glace comme sur des œufs, et en répartissant au maximum mes 80 kilos sur la surface des deux planches… Les ours polaires sont capables de progresser sur une glace extrêmement mince, tant ils sont passés maîtres dans l'art de distribuer leur poids. À cet instant, je voudrais bien être un ours…

Je suis presque arrivé de l'autre côté quand un craquement sinistre retentit. Au même instant, je sens la glace se dérober sous moi. Elle vient de céder sous les 180 kilos que pèse encore mon traîneau. En une seconde, je me retrouve jusqu'au cou dans l'eau glacée. Mes skis, toujours à mes pieds, m'alourdissent et m'enfoncent. Je tente de m'accrocher aux blocs de la paroi la plus proche, puisque mon traîneau m'empêche de nager jusqu'à l'autre bord. Heureusement qu'il flotte…tant qu'il ne se retourne pas ! Auquel cas, il m'entraînerait au fond avec lui.

Pour libérer mes mains, je lâche mes bâtons de ski, qui restent accrochés à mes poignets. Dans ma tête, les réflexes de survie se télescopent. « Détache le traîneau ! Non, utilise-le comme radeau ! Non, il

« La route la plus facile
n'est pas toujours
la meilleure. »

Le plus beau cadeau que l'on puisse recevoir, et qu'aucun argent ne pourra acheter, c'est la santé. Faites-en bon usage ! – Expédition *Arktos*, voyage autour du cercle Arctique, 2002-2004.

risque de se retourner, tout ton équipement sera trempé, donc perdu! De toute façon, je coulerai avec… » Peu à peu, je reprends mes esprits et le contrôle de moi-même. Je réalise que ma situation immédiate n'est pas si catastrophique. Je suis dans une eau à 3 ou 4 °C, c'est-à-dire chaude par rapport à la température ambiante qui doit frôler les - 40 °C. Ce n'est pas dans l'eau que je risque la mort par hypothermie, mais quand j'en sortirai. Ce qui me laisse quelques secondes de plus pour planifier la suite. Je dois absolument, un: trouver le moyen de remonter sur la banquise; deux: enlever mes skis; trois: me déshabiller; quatre: enfiler des vêtements secs.

Je garde mes pics à glace sur moi. Ils sont à portée de main, dans les grandes poches ajoutées spécialement à ma parka. Pourtant, je n'ai même pas le réflexe de m'en servir. C'est à la force des bras – et surtout par un miracle que je n'arrive pas à m'expliquer – que j'escalade les 2 mètres de paroi glacée qui me séparent de la surface de la banquise. Je suis alourdi par l'eau, j'ai mes skis aux pieds et mon traîneau est toujours accroché au bout de mon harnais… mais j'y arrive. Une fois là, pas question de

« Assumer ses erreurs, c'est faire en sorte que les autres continuent de te respecter. »

souffler une seconde. L'eau qui imbibe mes vêtements commence déjà à geler. Mon premier réflexe est de ramasser des poignées de neige fraîche et de m'en recouvrir.

Grâce à ses propriétés absorbantes, la poudreuse me « sèche » très vite et m'évite de geler complètement. À présent, il faut que je plante ma tente pour y emmagasiner un peu de chaleur et me changer dans cette bulle. Mais les paquets de glace qui envahissent le paysage ne laissent pas la moindre surface plane où installer mon abri. Pendant que je « trace » furieusement pour tenter de me réchauffer, la glace se solidifie sur mes vêtements et craque à chacun de mes gestes. Je la sens se former jusque sur ma peau.

Enfin, je débouche sur un espace dégagé, juste assez grand pour y planter ma tente. Ce que je fais en douze secondes chrono. Je me jette à l'intérieur en arrachant mes vêtements et saute dans mon sac de couchage.

Mais j'ai à peine moins froid que si j'étais nu sur la banquise. Il faut absolument que j'allume mon réchaud. Mes rations de carburant sont de deux unités journalières, pour réchauffer mes aliments et transformer la glace en eau potable. Si j'en utilise davantage aujourd'hui, je n'aurai rien à boire demain. Tant pis : demain est un autre jour ; c'est maintenant qu'il faut survivre.

Quelques instants plus tard, sorti de mon sac de couchage, je suis collé à la flamme du réchaud, entièrement nu afin que la chaleur n'ait pas à traverser mes vêtements pour m'atteindre. Parce que c'est le corps qui réchauffe les habits et le sac de couchage, pas l'inverse (les habits et le sac ne font que conserver la chaleur corporelle), c'est moi-même que je dois réchauffer d'abord.

Pendant que mon organisme retrouve progressivement une température normale, j'essaie de faire sécher mes vêtements, mais je me rends compte que l'opération va épuiser toutes mes réserves de carburant. Je m'arrête donc au caleçon et au body thermiques. Pour le reste, j'ai une autre idée : je jette le tout dehors et j'attends cinq minutes. Puis je ramène ma veste, entièrement gelée, à l'intérieur, et je la débarrasse de toute cette glace en la brossant énergiquement. Je viens d'inventer le gel à sec : pour expulser toute l'humidité d'un vêtement, transformez-la d'abord en glace.

Le lendemain matin, dans une tenue entièrement sèche – je n'ai changé que mes chaussettes de laine et la doublure de mes chaussures, dont je n'ai pas réussi à extraire la glace –, je repars à l'assaut du pôle. En me jurant solennellement que plus jamais je ne négligerai de mettre ma combinaison isolante, ou ne m'aventurerai sur une glace trop mince. Même si je dois faire un détour de 10 kilomètres.

Dans un flash-back, je me revois dans la forêt vierge amazonienne. Mon objectif de départ était de la traverser. Puis, après que la morsure d'un serpent venimeux m'a laissé cinq jours entre la vie et la mort, mon objectif a changé. Il est devenu : rester en vie... ensuite, traverser la jungle.

Survivre. Ensuite, atteindre le pôle.

En montagne, dans l'ascension d'un 8 000 mètres, les conditions climatiques sont profondément inadaptées à l'être humain. Manque d'oxygène, froid intense... Sans une volonté de fer et un instinct de survie lui permettant de se dépasser, Mike ne pourrait pas passer cette épreuve physique avec succès. Il réalise encore une fois, dans cet environnement extrême, à quel point la vie ne tient qu'à un fil.

La visibilité est réduite au minimum. Le problème, maintenant, c'est la possibilité de chuter dans une crevasse. Normalement, la meilleure façon de se protéger est de scruter le relief, de chercher les changements de surface, de détecter les renflements suspects, les variations de densité, et, pour faire bonne mesure, de sonder la neige avec son bâton. Et si, d'aventure, toutes ces précautions sont inutiles, quand on se sent basculer, il faut écarter les bras et s'arranger pour éviter de plonger la tête la première. Un homme tombant comme une flèche est perdu. Coincé dans cette glace qui le retient mais que la chaleur de son corps fait fondre, il est condamné à sombrer au cœur du glacier.

Ensemble, on peut aller plus loin.
Expédition *Pangaea*, de jeunes explorateurs sur le Kamtchatka, Russie, 2009.

OFFICINE
PANERAI
GEBERIT
osprey

Je connais toutes ces raisons, je suis familiarisé avec la technique des bras écartés. Et, au moment où le sol se dérobe sous mes pieds, mon corps réagit par réflexe, comme prévu. C'est l'affaire d'une seconde. Je suis en train de passer un pont de glace dissimulé sous une couche de neige quand brusquement, je chute. Au moment de tomber, curieusement, tout ralentit dans ma tête.

Je vois clairement mes jambes traverser la couche de neige et s'enfoncer dans l'abîme de la crevasse. Comme si j'avais des yeux accrochés aux pieds… J'écarte les bras d'un coup sec. Je me retrouve suspendu au-dessus d'un gouffre noir, une fissure sans fond. Dans un réflexe, j'ancre mon piolet dans la glace puis je trouve un point d'appui avec mes crampons. Grâce à ces trois accroches, mes bras écartés, mon piolet et mes crampons, je parviens à m'extraire de la crevasse. Köbi n'a rien vu. Je dois me débrouiller seul. J'ai quelques secondes devant moi, guère plus. Dans la position où je suis, je peux juste balancer mon corps en arrière pour trouver un appui. J'essaie. J'essaie encore. Par chance, mes crampons accrochent. Je m'en sors, essoufflé. Un petit pas, et j'ai failli mourir. La vie, en altitude, ne tient qu'à un cheveu. Je repars dans la trace de Köbi. Je n'ai pas eu le temps d'avoir peur.

Entourez-vous de personnes en lesquelles vous pouvez avoir confiance – Expédition *#DrivenToExplore*, voyage de la Suisse au Pakistan, K2, Pakistan, juin 2015.

« Je crois à la générosité profonde de la nature humaine. Elle est simplement étouffée par la vie sociale. Là où je vais, la mascarade cesse et le meilleur ressort. »

Plus on fait de choses, plus on se sent petit.
Expédition *#DrivenToExplore*, voyage de la Suisse au Pakistan, K2, Pakistan, juin 2015.

Lors de son tour du cercle polaire Arctique, Mike se voit forcé de trouver une cachette pour se protéger des loups. Si la situation est pour le moins périlleuse, elle lui permet de réaliser la chance qu'il a d'être en vie ; de quoi se sentir profondément heureux.

Décembre approche, la neige tombe plus lourdement et le thermomètre plonge. Je traverse le détroit d'Easter et j'entame une longue et pénible ascension jusqu'au lac Sapoutine, une étendue d'eau douce d'une bonne cinquantaine de kilomètres, située très au-dessus du niveau de la mer. Je suis des rivières gelées, je franchis des vallées… La neige succède à la glace, qui cède la place à la roche… Je dois régulièrement m'arrêter, enlever mes skis et pousser mon traîneau ; ou le décharger pour l'alléger (il ne pèse que vingt kilos de moins qu'à mon départ d'Arctic Bay, il y a dix-huit jours), déménager son contenu jusqu'à une plate-forme, revenir le chercher et le transporter sur mon dos… Le parcours d'obstacles est épuisant et je ne progresse chaque vingt-quatre heures que de quelques kilomètres.

Lorsque j'arrive enfin au lac Sapoutine, je suis à bout de forces. Le temps qu'elles se reconstituent, je serai incapable de marcher plus de quatre ou cinq heures par jour.

En clair, il me faudra plus d'une étape pour atteindre la cabane de pêcheur dont Claude m'a donné la position GPS. C'est la seule, de tout le lac Sapoutine. Elle se situe à la moitié de sa longueur, à mi-distance entre le centre et le bord.

Si je tiens tellement à y passer la nuit, au lieu de camper sur la surface gelée, c'est que le lac Sapoutine, emprisonné entre des massifs rocheux et alimenté par des rivières de montagne, a la particularité d'être un piège à caribous. Une fois repoussés dans cette trappe sans issue, les pauvres équidés ne peuvent plus échapper aux loups. Si je plante ma tente au milieu du lac, je serai dans la même situation. Je prends la décision de camper juste avant, à l'abri des montagnes, où je dispose encore de quelques issues de secours en cas d'attaque-surprise.

Mais cette nuit-là, ni loup ni homme ne troublent mon sommeil. Pressé d'atteindre la cabane et sachant qu'il me faudra une pleine journée de marche pour y arriver, je repars avant ce qui devrait être l'aube.

Je ne tarde pas à apercevoir les premiers prédateurs. Ils sont peu nombreux, discrets, et se maintiennent à distance respectueuse. Mais au fil des heures, leur nombre augmente et leur éloignement diminue. Il y a peu de chances que leur œil acéré nous confonde… N'empêche qu'avec mon traîneau, j'offre un profil qui évoque grossièrement celui du caribou ; et la vitesse à laquelle je me traîne – un ou deux kilomètres à l'heure à cause du vent et des reliefs – est à peu près celle de l'équidé qui marche.

« C'est fou ce que
la nature arrive à faire
avec beaucoup de pierre,
beaucoup de glace,
beaucoup d'eau
et un fond de ciel déroulé
à l'infini. »

La glace : l'un des éléments que je préfère explorer.

Quand j'aperçois enfin la cabane, c'est avec un soulagement qui n'a d'égal que ma gratitude envers le pêcheur qui l'a construite. Elle est à peine plus grande que des toilettes de jardin et il faut se mettre à genoux pour y entrer. Mais je parviens à y installer ma tente, et à entasser autour de moi mes stocks de vivres, que je ne tiens pas à partager avec les loups.

J'ai à peine fermé l'œil que je suis réveillé par des raclements sur les parois de la cabane. Pas besoin de me creuser la cervelle pour deviner : la meute a cerné mon refuge ; elle a flairé mon dîner – ou ma propre odeur – et la voilà qui griffe les maigres murs qui nous séparent avec une rage que la faim démultiplie. Dans le noir absolu, j'entends les grondements des bêtes, leur souffle rauque, j'imagine leurs yeux d'émeraude et leurs crocs luisants, comme dans les dessins animés. Je les entends déplacer des roches et des blocs de glace pour y dénicher une quelconque pitance. (Les sales bêtes ont la détestable habitude d'uriner sur leurs aliments, pour décourager quiconque d'y toucher.) Le vide immense qui nous entoure répercute à l'infini cette bande sonore de film d'horreur ; la cabane fait caisse de résonance…

Mais je sais que les murs tiendront : le propriétaire de cet abri l'a forcément prévu « antiloups ». Cette certitude me procure un sentiment d'invulnérabilité que je n'ai pas éprouvé depuis longtemps.

C'est étrange, mais… je suis heureux.

Si les animaux peuvent s'adapter, nous aussi – Expédition *Pole2Pole*, Antarctique, décembre 2016.

« Est-ce le spectacle qui nous coupe le souffle, ou l'air vif et glacé qui s'engouffre dans nos poumons ? Les deux, sans doute. »

REVENIR À LA RÉALITÉ

C'est au cours de sa toute première expédition dans l'Arctique que Mike se gèle les doigts. Les gelures s'infectent... L'aventurier consulte deux médecins, qui le somment de rentrer. Refusant tout d'abord d'abandonner, il finit par entendre raison. Ne pas s'acharner lorsque l'on risque sa vie et apprendre à gérer l'échec est aussi une source d'enseignement. Survivre devient une leçon de vie.

Pendant que je m'obstine à refuser de céder aux sirènes de la défaite, la nouvelle de ma mésaventure se répand sur le Net, puis dans les journaux. Chez moi, en Suisse, la télévision monte en épingle l'« affaire Mike Horn », et de toute part on presse Cathy de venir prendre en direct la défense de son irresponsable de mari, qui refuse d'écouter la voix de la raison. Ma femme réplique bravement que je n'ai pas besoin d'elle pour me défendre. « C'est lui le maître à bord, dit-elle, lui qui prend les décisions. Je ne le défends pas, je l'assiste et je le soutiens, quels que soient ses choix. » Elle refuse de donner aux médias le nom des deux médecins que j'ai consultés par téléphone, mais les journalistes les débusquent et les invitent à un *talk-show* sur le thème des gelures et des risques encourus par les imprudents dans mon genre. « Que va-t-il arriver à Mike, s'il refuse de rentrer ? » La question est au cœur du débat. Pour moi, elle ne se pose même pas. Ce sont *mes* doigts, *ma* vie, *mes* choix... ceux de personne d'autre.

Je continue d'avancer, en renonçant désormais à me tremper les doigts dans l'eau chaude. La méthode serait efficace en milieu hospitalier, ou sous un climat tempéré. Ici, par - 30 ou - 40 °C, ils ne font que geler un peu plus profondément, chaque fois que je les sors du bain ou que je m'en sers pour monter ma tente, attacher un mousqueton, nouer mes lacets de chaussures, me préparer à manger... et à chaque pas que je fais sur la banquise. Des pansements feront l'affaire.

J'apprends même à fonctionner sans l'usage de mes mains, du moins au sens où on l'entend habituellement. J'utilise mes dents, et mes paumes rassemblées pour saisir un objet, s'il n'est pas trop petit.

Pour compenser les heures que je mets à exécuter la moindre tâche, je réduis la durée de mes journées de marche. Résultat, j'avance moins vite qu'au début de l'expédition, mais je tiens une bonne moyenne – plus de 15 kilomètres par jour – et j'ai toutes les raisons d'être optimiste. Une, en particulier : malgré mes mésaventures, j'ai atteint le même

Commencer une aventure est aussi facile que de faire ses bagages et sortir par la porte principale.
Expédition *#DrivenToExplore,* voyage de la Suisse au Pakistan, K2, Pakistan, juin 2015.

« En rentrant chez moi,
il m'a fallu un peu
de temps pour ne plus
fonctionner comme
un homme dont la seule
priorité est de survivre…
du temps pour cesser
de penser à moi
et me remettre à penser
aux autres. »

Partout où l'eau coulera, j'irai – Expédition *Pole2Pole*, Namibie, juillet 2016.

point, après le même nombre de jours, que les quatre légionnaires français qui ont tenté la même expédition, l'année dernière à la même date.

Mais l'avertissement de l'homme de Chamonix ne cesse de me hanter. Les quelques jours qui me séparent encore du pôle vont très probablement me coûter mes doigts : ceux qui sont déjà atteints, mais peut-être aussi les autres ; ce qui ferait de moi un handicapé et mettrait un terme définitif à ma carrière.

Atteindre le pôle… oui, bien sûr. Je me suis assez battu pour ça.

Mais une fois là, je me retrouverai sur un morceau de banquise flottant, qui m'obligera à me déplacer sans cesse, uniquement pour rester sur mon objectif… Est-ce vraiment plus important que de pouvoir continuer longtemps, le plus longtemps possible, à vivre cette vie d'aventures, cette vie que j'ai choisie et à laquelle je ne renoncerais pour rien au monde ?

J'appelle mon ami Johann Rupert, président du groupe Richemont, pour lui confier mes états d'âme. Il n'a pas une hésitation : « Rentre tout de suite ! » me dit-il.

C'est la troisième fois qu'on me donne ce conseil – je devrais dire cet ordre. Je suis de plus en plus tenté d'obéir, mais… je n'ai encore jamais échoué. Si j'arrête, ce sera une première.

« Bien, dis-je à Johann, j'ai juste besoin d'un petit peu de temps pour prendre ma décision. »

Du temps, pour m'habituer à l'idée de ne pas arriver au bout, alors que je suis plus en forme que jamais, malgré de gigantesques ampoules aux talons que je ne sens même plus, et trois doigts gelés qui ne me gênent pas pour marcher. Du temps, pour m'habituer à l'idée de l'échec, alors que je suis en position de gagner. Du temps, pour accepter de ne jamais, peut-être, avoir une deuxième chance. Pendant que je continue à avancer, les affres du dilemme me font presque oublier le froid.

Et puis, à force de retourner le problème dans

Je continuerai d'explorer le monde jusqu'à en avoir découvert les moindres recoins – Expédition *Pole2Pole,* Nouvelle-Zélande, avril 2017.

« J'ai dû me frayer un passage dans des montagnes quasiment inexplorées dans des conditions où la moindre erreur pouvait signifier la mort. Dans ces endroits, il n'y a pas de secours rapide possible. »

L'engagement, c'est de ne se donner aucun autre choix – Expédition *Arktos*, voyage autour du cercle Arctique, 2002-2004.

tous les sens, je finis par envisager cette expédition comme ce qu'elle est avant tout : une inestimable source d'enseignements sur moi-même. Parmi beaucoup d'autres choses, elle m'aura fait découvrir le goût de l'échec et appris à gérer la défaite, moi qui, jusqu'à présent, n'ai connu que la réussite. Je vais devoir rentrer en Europe, affronter le jugement des autres et les regarder dans les yeux en leur répondant : « Au moins, j'ai essayé. » Une expérience nouvelle, et peut-être aussi une profitable leçon d'humilité.

J'ai dépassé les 85° de latitude nord. À présent, c'est une véritable autoroute, une banquise aussi plate que le Grand Lac salé, qui s'étend devant moi. La nuit, je dors deux ou trois heures, grâce à la morphine que contient ma trousse médicale et qui calme les coups de marteau assénés sur mes doigts. La douleur revient au réveil, mais je l'oublie dès que je me remets à avancer. Je ne suis plus qu'à une quinzaine de jours de marche du point le plus septentrional de la planète : le pôle Nord. C'est à ce moment-là que le déclic libérateur se produit.

Atteindre le pôle a été une obsession qui a dominé ma vie au point de me rendre aveugle à tout le reste. C'est pourquoi… je serai forcément déçu en atteignant mon but. J'ai l'impression qu'en posant le pied sur ce repère fatidique, je me viderai pour toujours de cette force qui m'a poussé jusqu'ici et fait relever tant d'autres défis. Je m'imagine tourner autour du pôle, le renifler à quelques mètres…sans y poser le pied. Ainsi, il me restera toujours ce but à atteindre, ce Graal à conquérir, comme une douceur dont on se prive parce que « plus on attend, meilleur c'est ». J'aurai dominé les éléments en décidant moi-même de l'issue du combat. Et même si je semble avoir échoué, je remporterai une victoire personnelle.

Cela fait une semaine que mes doigts sont gelés. Ce soir, il fait légèrement moins froid et je monte ma tente par un coucher de soleil magnifique. Autour de moi règne une sorte d'harmonie fragile et parfaite. Ni le froid, ni le pack, ni les crevasses ne m'ont vaincu. Parce que j'ai survécu à tout, la décision est mienne.

Je suis prêt à rentrer chez moi.

« Je veux réaliser l'impossible, ce qui n'a jamais été fait. »

Après chaque aventure dans des conditions de vie extrêmes, Mike doit se réhabituer à la vie de tous les jours. Grâce à quelques extraits inédits du journal de bord tenu pendant l'expédition *Pole2Pole*, voici un aperçu de ce qu'il a vécu lors des derniers jours de sa traversée de l'Antarctique en solitaire : la lutte pour sa survie et la solitude, mais surtout et avant tout le bonheur d'être là-bas et de gagner le pari qu'il s'est lancé.

20 janvier
Mes pieds et mes jambes ont besoin de repos. Je ne suis pas de ceux qui se plaignent souvent de fatigue physique parce que c'est comme blâmer votre vélo ou votre équipement si vous n'allez pas assez vite et assez loin. Vous devriez blâmer vos jambes à la place ! Mais pendant 4 000 kilomètres, j'ai eu le vent du côté gauche. Après avoir été plein sud et maintenant plein nord, je suis toujours contre le vent avec ma jambe droite. Et mes pieds ont souffert ! Je ne vais pas entrer dans plus de détails que cela, mais un jour de repos ne peut que me faire du bien !

25 janvier
Assis dans ma tente avec très peu de vent, en souhaitant qu'il y en ait plus : je pourrais ainsi continuer à me déplacer vers le nord. Je pourrais être 100 % déçu et frustré, mais cela me donne du temps pour le repos, la récupération et la réflexion. Cela m'a fait réfléchir à mon but. Quel est le but de traverser l'Antarctique ? Pour certains ou la plupart des humains, il y a très peu d'intérêt dans un exploit comme celui-ci. C'est dangereux, le risque est trop élevé, l'échec est une grande possibilité, il fait froid, et il faut faire face à la solitude. Il y a trop d'inconnues dans l'équation. Je fais un rêve devenu réalité, je voudrais savoir si je suis capable de puiser profondément

La Nature décide pour nous ; elle a son propre rythme – Expédition *Pole2Pole*, Antarctique, décembre 2016.

« Sur la glace, il n'y a quasiment jamais de zone de confort. »

MIKE HORN

« J'ai voulu traverser l'Antarctique pour me prouver que je gardais les pieds sur terre. »

Savoir se préparer, c'est cela, l'art d'explorer.

en moi pour trouver des ressources que j'ai, mais que je n'ai jamais utilisées. Me défier moi-même afin de pouvoir devenir un meilleur être humain.

5 février
C'était une journée rock'n'roll au milieu des sastrugi, sous les rafales de vent. Quand il est presque impossible de trouver un moyen de passer à travers avec des skis, il est bon d'adopter la philosophie d'aller tout droit et voir ce qui se passe. Comme dans la vie, nous devons cesser de penser à ce qui peut mal tourner mais penser à ce qui peut aller bien. Ce qui arrive est alors très intéressant et vous vous sortez de situations comme vous n'auriez jamais pensé le faire. Quand le traîneau est coincé alors que le kit vous tire en avant, c'est difficile. *Idem* quand vous êtes coincé et que le traîneau vient vous frapper par derrière. À la fin de la journée, vous avez l'impression d'avoir été percuté par un train. J'ai quand même fait un progrès modéré de 66 kilomètres et j'ai perdu 400 mètres d'altitude. Je voudrais remercier les sastrugi, qui font de moi une personne meilleure et plus forte, en m'enseignant qu'il y a un chemin à travers le mur, remercier le froid de m'avoir fait puiser dans des ressources que j'ai rarement utilisées, et remercier les rafales de vent pour le coup de main ! Je suis à 168 kilomètres de l'océan.

10 février
Je suis assis ici dans un camp de conteneurs depuis 3 jours et mon arrivée sur la côte de l'Antarctique. C'est agréable d'être ici dans le confort de quatre murs. Mais étrangement, me manquent ma tente, mon sac de couchage et le bruit du vent hurlant soufflant sur la tente. Me manquent aussi les difficultés, le sentiment de fragilité, l'objectif qui devient votre raison de vivre. Je ressens comme un manque immense. Je suis comme un poisson sans eau. C'est le *baby blues* d'un explorateur qui atteint la fin de son aventure. Il y a une tempête massive qui fait rage à l'extérieur, jusqu'à 200 km/h de vents mesurés, et j'imagine être à l'extérieur, dans ma tente, survivant à une autre tempête. Maintenant, je dois calmer la tempête qui fait rage en moi. Je me remets de mes gelures, je mange bien, mais ne peux m'habituer à dormir dans un lit. Je digère lentement la traversée de l'Antarctique et je suis satisfait de la façon dont elle s'est déroulée. Il y avait beaucoup d'interrogations dans cette expédition et mon expérience passée m'a permis de me donner des chances raisonnables de la tenter. Alors que vous récupérez de toutes vos petites blessures et douleurs, en regardant les cartes et la position GPS, vous vous demandez comment vous avez réellement réussi à faire ça. Certainement quelque chose qu'on ne peut faire qu'une fois dans une vie. La différence entre rêve et réalité est de 5 100 kilomètres en 57 jours.

C'est après ses multiples expéditions et lorsqu'il revient à la vie quotidienne que notre aventurier se lance dans le coaching de sportifs. Son expérience en matière de survie lui permet de leur donner des conseils pour être plus performants, mais aussi mieux vivre.

Lorsqu'on m'a demandé, en 2011, de coacher l'équipe indienne de cricket peu avant la Coupe du monde, je n'ai pas hésité. Ce que j'ai appris en matière de survie et de volonté est valable partout. Alors pourquoi pas sur un terrain de sport?

Face à une équipe de joueurs, certains avec de fortes personnalités, la première chose à affermir est la motivation. Comment cultiver l'envie de gagner? Je commence par leur parler de moi, des expériences qui ont formé ma pensée. Quand on est dans une tente paumé au milieu de la banquise, il faut être hyper motivé pour affronter le froid mortel qui gèle ton souffle sans savoir ce qui peut arriver dans les heures à venir. Peut-être que l'ours est à l'affût ou qu'une tempête s'est levée, ou peut-être que je glisserai sur un bloc de glace. N'importe quel événement inattendu pourrait survenir et me mettre en danger de mort. Je suis conscient de ne pas jouer contre un adversaire à ma taille. La seule façon de l'affronter, c'est de sortir de mon sac de couchage, quitter la tente et mettre un pied devant l'autre. Pas question de me recoucher, sinon je me mets en danger de mort. C'est un engagement absolu et un paradoxe: si on n'est pas prêt à tout perdre, alors on n'est pas prêt non plus à réussir. Cette détermination, je peux la leur enseigner. Je pose la question d'emblée aux joueurs que je dois coacher. Aux Indiens de l'équipe de cricket, en 2011, comme aux joueurs de foot allemands, juste avant le Mondial 2014, au Brésil. Quelle est leur motivation?

C'est vrai, les sportifs qui me font face n'auront jamais à braver les tempêtes, la peur, le froid ou la désorientation. En revanche, ils supportent une pression énorme. En championnat, les sommes d'argent engagées sont colossales, l'échec n'est pas permis et cette nécessité peut devenir inhibitive. Personne ne peut gagner en redoutant l'échec! L'envie de l'emporter doit surpasser la peur de perdre. Moi, dans un cas extrême, je supprime tout simplement l'option de l'échec. Plus on simplifie les choix, plus l'action est facile. Ils doivent savoir pourquoi ils sont sur le terrain et pourquoi ils jouent. Le but final. Et si, au long du parcours, cela tourne mal, ils doivent s'en servir comme d'une leçon pour être sûrs de gagner la fois suivante. Mieux vaut une victoire au bon moment.

Le moment où la vie est en jeu. Le moment de la finale. Le moment où gagner devient la seule issue possible. Le second point indispensable est le partage, le don.

La Nature a son propre langage ; on ne peut le comprendre que si on arrive à se connecter à elle.
Expédition *Pole2Pole*, Nouvelle-Zélande, avril 2017.

*« Si on ne lâche rien,
et qu'on prend
les bonnes décisions,
on peut trouver
les solutions. L'important
c'est d'essayer, de ne pas
rester sur un échec. »*

Dans la vie, nous avons tous notre propre voie à tracer – Expédition *#DrivenToExplore*, voyage de la Suisse au Pakistan, K2, Pakistan, juin 2015.

Un joueur doit pouvoir s'appuyer sur les autres même si ses partenaires sont les meilleurs parmi les champions ! Tous ne sont pas bons amis, certains sont là pour se tailler une place, bâtir une carrière fulgurante, et le groupe n'est pas leur priorité. Les superstars sont rarement bénéfiques à la dynamique collective. Quand un joueur devient plus grand que son équipe, il se bat pour lui seul, pour briller, et le résultat final devient secondaire. Je préfère mille fois un leader à une superstar : le premier emmène le groupe, le second mène sa danse. Qu'il y ait onze joueurs, ou treize ou quinze comme au rugby, tous doivent être là pour la même raison, croire au même but. L'action collective engendre une forme d'osmose qui porte à gagner. J'ai connu ça avec Børge Ousland, en allant au pôle Nord. En partant, nous n'étions pas spécialement copains. Chacun de nous était champion dans sa catégorie, lui beaucoup plus spécialisé dans l'Arctique, moi l'homme tout-terrain.

Ce qui aurait pu tourner en rivalité est devenu un surcroît de motivation. Chaque matin, à l'aube, c'était à qui mettrait le premier un pied hors de la tente. La compétition qui pouvait exister entre nous était tournée vers un objectif commun : aller au bout du voyage, ensemble, et survivre !

En racontant cette histoire aux joueurs, je sais que je touche un point sensible. Certains d'entre eux, qui ont tendance à jouer perso, commencent à l'intégrer ; leur style de jeu évolue, l'objectif s'élargit : en servant le groupe, chaque individu devient plus fort. Une équipe qui joue en synergie n'a pas besoin de onze joueurs parfaits. L'objectif commun les rend plus solidaires. La dynamique du groupe l'emporte sur la gloire personnelle. C'est la base pour remporter une victoire. On touche à l'émotion, une émotion qui se propage entre les joueurs et qui finit par les porter en avant, avec une seule envie : gagner la coupe ! Je leur enseigne l'importance d'être honnête avec soi-même et avec les autres. C'est la seule manière de ne pas décevoir l'autre sur ce que tu es capable de faire ou pas. Avec cette attitude, on peut jouer librement. On se libère d'une pression vis-à-vis de ses coéquipiers et toute l'équipe y gagne.

J'adore partager ma connaissance et mon expérience de la Nature avec ceux qui sont prêts à apprendre et à écouter – Expédition *Pole2Pole,* Namibie, juin 2016.

Il faut attiser le feu de l'aventure pour qu'il continue de brûler en soi – Expédition *Pangaea*, 2007-2012.

« L'exploration ne réside pas uniquement dans le fait de gravir des montagnes ou de traverser la jungle. Elle devient vraiment intéressante lorsque l'on découvre les obstacles que l'on a à l'intérieur de soi-même. »

MIKE HORN
Mercedes-Benz
OFFICINE PANERAI
GEBERIT

COMPRENDRE ET RESPECTER LA NATURE

FAIRE CORPS AVEC « ELLE »

Lors de son tour du cercle polaire Arctique, Mike a été particulièrement frappé par la générosité du peuple inuit et leur capacité à communier avec la nature. Il se remémore son ami Simon, qui lui a appris à regarder autour de lui pour se diriger. Plus besoin de cartes, il suffit de savoir observer et sentir ce qui se passe autour de soi…

J'ai eu de la chance : les Inuits, qui n'ont presque rien, ont partagé avec moi leurs maigres ressources. Leur générosité est celle des démunis.

Simon était l'un d'entre eux. Ayant tout perdu à la suite d'un incendie dans ma tente, j'étais sans matériel. Voyant le dénuement de cet étranger seul sur la banquise, il m'a accueilli avec chaleur. Il m'a offert une paire de gants fourrés, il m'a donné à manger, il m'a parlé. Surtout, il m'a appris les gestes élémentaires : construire un igloo, lire les traces des ours ou, plus important, comment me comporter en cas de rencontre intempestive avec une peluche de 800 kilos. C'est simple, en réalité. Il faut se grandir en écartant les bras, ce qui donne l'impression à l'animal d'avoir un adversaire important. Éviter de tourner le dos, signe de fuite, ce qui déclenche l'attaque.

Ce ne sont pas les yeux, mais l'âme qui perçoit la vraie beauté.

Ne pas croiser le regard de la bête, qui y verrait un défi. Pas facile, car le premier réflexe, c'est de partir comme une fusée !

Les conseils de Simon m'ont été précieux. Cet homme vivait dans son univers, selon son instinct et son savoir ancestral. Un jour que je lui demandais des indications pour mon itinéraire, sur une carte, il se mit à me rire au nez. Nulle ironie ou moquerie là-dedans. Seulement, pour un Inuit, une carte n'a pas de sens. C'est une projection plate, une réduction. Comment peut-on cartographier le vent ? indiquer la course des nuages ? enfermer le ciel, l'air ? signaler le danger d'une crête mouvante ? déchiffrer les signes avant-coureurs d'une tempête ? Autant essayer de domestiquer l'espace… Simon conservait dans sa mémoire les voyages qu'il avait faits et ceux que son père lui avait racontés. Il pouvait citer chaque passage au milieu des glaces. Il se fiait à des données incertaines mais sans doute anciennes. Il me disait :

– Mike, tu pars d'ici et tu marches de la petite lune à la grande lune. Quand tu vois la montagne à la tête d'ours, tu marches encore jusqu'à la vallée en dent de morse. Va dans la direction du soleil qui se lève et trouve la montagne comme une femme enceinte. Tourne le dos au soleil levé, et marche vers le soleil couché. Alors, tu seras arrivé.

Je l'écoutais, et c'était un savoir millénaire qui m'était transmis. Le passage du Nord-Ouest, pressenti par Cook et Vancouver en 1776, et franchi par Roald Amundsen en 1903, devenait vivant pour moi. Ce passage de 1 500 kilomètres, qui relie

Parfois, nous oublions que nous ne sommes pas seuls sur la planète.
Expédition *Pole2Pole,* Antarctique, décembre 2016.

l'Atlantique au Pacifique, n'était plus une abstraction. Mais une réalité.

Je savais qu'en suivant les repères de Simon j'entrerais dans ce monde de signes, d'esprits se faufilant sur la glace, de certitudes héritées des ancêtres. La tête d'ours, la dent de morse, la montagne enceinte devenaient plus vivantes que la cote 765, le dénivelé des Basses-Roches ou le thalweg de granit. Le système de Simon avait un autre avantage : on perd une carte, et un GPS se décharge. Le vent pouvait m'arracher la carte, un feu la détruire. Mais les images de l'Inuit restaient gravées. Elles sont toujours là, au fond de ma mémoire.

C'est un trésor que Simon m'a légué. Les peuples du Nord ont des dizaines de mots pour raconter la neige. Les conditions extrêmes dans lesquelles ils vivent nécessitent des termes adaptés. Il faut être capable de décrire avec exactitude l'état de la banquise. Un adjectif peut marquer la différence entre la vie et la mort. Il y a des expressions pour la neige molle, la neige fraîche, la neige boueuse, la neige de congère, la neige tombante, la croûte de glace après la pluie, la neige à igloo, la neige qui craque sous le pied, le banc de neige apporté par le vent du nord-ouest, la neige pour boire, les glaçons des fenêtres, la neige tassée où un chien a dormi… Quelle richesse ! Mais aussi : quelle simplicité, chez ces hommes.

Il y a deux peuples chez qui j'ai senti une aussi forte empathie avec la nature : les Inuits et les Bushmen. Je pensais avoir une vision claire du monde, mais, en terre de Baffin, aux confins du monde, j'ai rencontré des hommes qui m'ont fait toucher du doigt les secrets de leur culture. Ils ont une connaissance intuitive et triviale à la fois. En les croisant, nul ne pourrait deviner que, sous leur carapace bourrue, ils sont capables de percevoir la vie grouillante des océans, de pressentir l'arrivée

*« Dans la nuit
de l'hiver arctique,
je renifle la présence
de n'importe quel animal…
En devenir un soi-même
– du moins en partie –,
c'est la seule manière
de survivre. »*

Chaque fois que je les verrai, je les protégerai, et de même la fois suivante – Expédition *Pangaea*, Arctique, 2007-2012.

« Quand je dois progresser en terrain inconnu, je me fonds dans le milieu, en suivant la loi de la moindre résistance. Dans la jungle, je suis jungle. Sur l'océan, je suis océan. Dans le désert, je suis désert. Sur la glace, je suis l'ours… »

Ce sont les espèces que vous découvrez qui vous indiquent que vous êtes arrivés à destination – Expédition *Pole2Pole*, Antarctique, décembre 2016.

d'une harde de rennes, de prévoir la venue de l'orage. Jamais ils ne se plaignent, malgré les conditions peu clémentes. À quoi bon ? Les lamentations ne font pas venir plus de phoques, ni les pleurs plus de poissons. Ils acceptent leur sort, font partie d'un tout. Ils ont trouvé leur place, depuis longtemps, dans une grande harmonie du cosmos.

Face à ces hommes, que sommes-nous ? Si on éteignait les lumières de nos villes, nous serions perdus. Eux, ils savent écouter les ténèbres. Ils connaissent, depuis des temps immémoriaux, la montagne à tête d'ours ; nous, nous connaissons la ligne 18 du métro. La masse d'informations, le flux de bruits inutiles, le déversement quotidien d'images nous ont fait oublier la leçon de l'ours. Cette leçon, c'est la toute-puissance de la nature. L'accord profond, total, imperceptible, avec l'environnement.

Au cœur de la longue nuit polaire, je me suis laissé guider par mon instinct. Tout était simple : vivre, chercher un endroit pour se reposer, manger. C'est dans les grandes épreuves que se révèle l'étincelle humaine. C'est devant l'immensité de la montagne que je suis moi-même, petit, mais bien là. Il serait bien sûr illusoire de rejeter notre civilisation moderne. Mais il faudra bien retrouver le sens premier des choses. Le miracle des feuilles au printemps, le parfum du vent, le bourdonnement des abeilles, la beauté de l'horizon… Toutes nos puces électroniques, nos ordinateurs, nos écrans et nos robots ne nous donneront jamais le bonheur.

La simplicité, l'équilibre, voilà une quête essentielle. Renouer avec la Terre, avec le sol, avec l'air. Nous nous sommes coupés du monde. Il importe de le retrouver.

Quelques années plus tard, Mike décide de transmettre ce savoir à ses filles lors de leur expédition familiale dans le Grand Nord canadien. Il leur enseigne des techniques pour avancer dans cet environnement *a priori* hostile à l'homme, mais surtout, à « lire le paysage » qui les entoure.

Nous n'en sommes pas encore aux piolets, mais la raideur des pentes rend les crampons indispensables. Ceux-ci nécessitent d'ailleurs un apprentissage: marcher avec ces piques fixées aux semelles, c'est apprendre à conduire avec des chaînes à ses pneus. Régulièrement, l'une ou l'autre des filles déchire son pantalon, enfonce ses pointes acérées dans sa chaussure ou dans celle de sa sœur... Il faut faire attention: avec ces lames de couteau aux semelles, on peut se déchirer le mollet. Assez vite, néanmoins, Cathy, Annika et Jessica apprennent à maîtriser le « couple » crampons-luge. Tout en marchant, je leur lance des conseils qu'elles enregistrent et mettent aussitôt en pratique: « enfoncez les talons », « écartez les pieds », « raccourcissez vos pas ». Elles se mettent à soulever davantage les pieds et à marcher en écartant un peu plus les jambes, en gardant les pieds à plat. Ici, l'apprentissage doit être rapide. Je vois leurs yeux briller d'excitation et de

Imprévisible et dangereuse malgré son époustouflante beauté... apprenez toujours à percevoir la Nature au-delà de ce qu'elle vous montre – Expédition *Pangaea*, Arctique, 2007-2012.

« C'est là,
en ne percevant plus
que les battements
de son cœur,
que l'on se sent
pleinement vivant. »

Transmettez vos leçons de vie et vos valeurs à vos enfants et, s'ils le choisissent, ils marcheront sur vos pas – Expédition en famille, l'île Bylot, Canada, 2005.

joie à mesure qu'elles maîtrisent ces outils et qu'elles en tirent le maximum de performances.

C'est un plaisir de voir leur confiance en elles se développer à chaque minute, et de les voir aussi s'amuser de plus en plus. En tant que parents, nous sommes particulièrement fiers de la manière dont nos filles, chacune selon son caractère, « apprivoisent » l'environnement arctique. Personnellement, je suis heureux de voir que, déjà, la transmission se fait au-delà de mes espérances, et qu'elles intègrent tout ce que je m'efforce de leur apprendre. En ce qui me concerne, mes reins n'ont pas oublié les 20 000 kilomètres que j'ai parcourus autour du cercle arctique, attelé à une charge de 120 kilos.

Nous affrontons nos trois premières crevasses. La toute première est un vrai gouffre. Les deux crevasses suivantes, moins larges, se dissimulent sous de fragiles « ponts » de neige et forment des pièges potentiellement mortels. Pour les filles, c'est l'occasion d'enregistrer quelques informations indispensables.

D'abord, repérer les crevasses. Facile, à condition de rester vigilant. Elles sont justement trahies par la neige qui les recouvre et dont la couleur est généralement plus claire que celle du reste du glacier. Il est préférable de les contourner, mais le détour peut s'avérer trop important, voire impossible. Quand on n'a pas d'autre choix que de tenter la traversée, il faut d'abord évaluer la solidité du feuilleté neigeux. La neige la plus friable est aussi la plus poreuse. Cette fragilité, on la vérifie en y enfonçant l'extrémité d'un bâton de ski.

Crevasses ou pas, on avance…

« Aujourd'hui, ma femme et mes filles commencent à éprouver ce que j'ai éprouvé tant de fois. Un mélange de stupéfaction et d'humilité devant l'immensité majestueuse de ces paysages. »

Il est pour ainsi dire impossible de suivre un glacier comme on suivrait une sorte de grand canyon gelé. Sur l'île Bylot, ils surgissent de toutes les directions à la fois, se perdent entre les massifs montagneux, se confondent et se séparent, disparaissent et réapparaissent. C'est pourquoi j'apprends à mes filles à se repérer en observant la terre dénudée par le vent et la roche usée par les rafales, à « lire » les creux et les reliefs, à dénicher les meilleurs chemins, les passages les plus propices et les moins dangereux... Je leur transmets l'art et la manière, en se basant sur la direction et la force d'un cours d'eau, de déterminer le point le plus favorable pour le traverser. Je les laisse choisir l'endroit où nous franchirons les crevasses, et je fais en sorte que, bientôt, cet exercice n'ait plus de secrets pour elles.

Dans l'Arctique, comme dans la jungle ou le désert, l'observation est à la base de tout. [...] La réussite et la survie, dans un pareil environnement, dépendent d'un équilibre fondamental entre la maîtrise de la technique et l'utilisation de nos sens. Avant que les filles n'allument le GPS, je leur demande de me donner leur propre estimation de notre position et de notre trajectoire. J'attire leur attention sur le fait que nous avons ralenti ou accéléré depuis le matin ou la veille, que nous avons peut-être légèrement dévié de notre route... À elles d'intégrer tous ces éléments dans leur calcul mental, et d'en comparer les résultats avec ceux – indiscutables – de la machine. À mesure que leur œil s'affûte et que leur expérience se développe, leurs estimations se rapprochent de plus en plus des chiffres du GPS... Il est fondamental d'entretenir cette vigilance et ces capacités : la navigation aux instruments ne remplacera jamais l'instinct humain et le savoir acquis.

À travers mes deux filles, j'ai pour la première fois un point de vue différent sur cet environnement que je croyais pourtant parfaitement connaître. J'étudie leur comportement et j'observe leurs réactions. Elles m'écoutent et elles apprennent, mais le plus intéressant, c'est qu'elles ne voient pas les mêmes choses que moi, ou pas de la même manière, et m'apprennent autant que je leur apprends. Leurs questions sont passionnantes, car parfois elles portent sur des choses auxquelles moi-même je ne prête pas toujours attention. « Pourquoi la glace change-t-elle de couleur à tel endroit ? », « Pourquoi telle partie du glacier est-elle plate, et telle autre accidentée ? » Tout les intéresse et tout les surprend. [...]

Peu à peu, le chant de l'eau sur les pierres de glace diminue en intensité et finit par se taire tout à fait. Bientôt, il n'y a plus d'autres sons que ceux que nous produisons nous-mêmes. Dès que cesse le bruit de nos crampons écrasant la neige, un silence impressionnant, presque palpable, reprend possession de cet univers étrange où nous nous sommes aventurés.

En fin de compte, ce décor évoque moins une autre planète... que la nôtre, à l'aube des temps. Aux origines, la Terre devait ressembler à ça.

Il faut apprendre à être solitaire sans jamais se sentir seul – Portrait de Mike Horn.

Parfois, on ne sait pas de quoi notre prochain repas sera fait ; il faut toujours apprécier ce que la Nature nous fournit – Expédition *Latitude Zéro,* autour du monde en suivant l'équateur, forêt amazonienne, Brésil, 1999-2000.

« Je refuse de considérer la jungle comme un enfer vert. À mes yeux, sa fabuleuse beauté en ferait plutôt un paradis vert. Et cette beauté, à elle seule, justifie d'aller s'y perdre. »

De la banquise à la jungle, notre aventurier peut se vanter d'avoir exploré les moindres recoins de la planète. Avec toujours le même effet, quel que soit le paysage qui l'entoure : celui de vouloir se faire tout petit et de se fondre dans cet environnement magique. Ici, dans la forêt amazonienne, il s'émerveille devant tant de diversité et ne peut que profiter du spectacle offert à ses sens.

Certains s'imaginent que la jungle, c'est toujours pareil. On voit qu'ils n'y ont jamais mis les pieds. Cette faramineuse luxuriance est un kaléidoscope vivant qui change à chaque minute, se remet en scène à chaque pas que je fais. Pour moi seul.

Je marche là où personne n'a jamais marché. Tous les jours de cette parenthèse irréelle dans ma vie, j'entends et je vois des choses qu'aucun homme ou presque n'a vues ou entendues avant moi. Dans cet univers inimaginable où, dit-on, 30 % des espèces restent encore à découvrir, je pose les yeux sur des insectes que, j'en suis certain, personne n'a jamais observés. Mon regard suit le vol haché de papillons – j'adore les papillons – grands comme des assiettes, aux couleurs évoquant des vitraux de cathédrale. Des orchidées aux formes et aux nuances défiant l'imagination se déploient à mon passage, exhalant des parfums qu'aucun « nez » professionnel ne concevra jamais. Je m'arrête parfois devant elles, étourdi et les larmes aux yeux, en me demandant comment tant de splendeur peut exister dans un monde aussi barbare.

Les plantes carnivores se referment comme un rideau de scène mortel sur les fourmis, araignées et autres scarabées attirés par leur pollen odorant. Déguisé en branche, un iguane géant me fait de l'œil... Les plantes se tordent, les feuilles se tournent pour accrocher le moindre rayon de soleil. Chaque arbre est un obélisque, un titan de 60 mètres de haut, parfois, dont on ne voit même pas la cime.

Je voudrais pouvoir me transformer en serpent, pour me glisser au cœur de tous ces miracles, violer tous ces secrets, faire corps avec ce monde éblouissant, en explorer les recoins, en vivre et en renifler les mystères...

Mes oreilles s'ouvrent pour la première fois de ma vie au son de la plus impériale de toutes les symphonies : celle de la nature intacte, originelle. Celle de l'aube des temps. Celle d'avant nous.

Les oiseaux poussent des cris d'amour, les singes jacassent à voix stridente, un lynx émet un feulement caressant qui donne la chair de poule... Parfois, le tonnerre se déchaîne en plein jour, quand un arbre rongé par la pourriture s'abat comme une colonne de temple. Alors, une clairière s'ouvre dans la canopée et le soleil se déverse comme un fleuve d'or en fusion dans les entrailles de la jungle. La nuit, dans le noir absolu, la chute d'un arbre s'annonce

*« Dans la vie,
il ne faut pas se contenter
de ce qui est apparent.
Les choses déjà vues sont
moins importantes que
celles que tu découvres
après réflexion. »*

Parfois, il suffit d'une superbe fleur pour illuminer sa journée – Expédition *Latitude Zéro*, autour du monde en suivant l'équateur, forêt amazonienne, Brésil, 1999-2000.

Respectez la Nature, adaptez-vous: ce sont les clés de la survie – Expédition *Latitude Zéro*, autour du monde en suivant l'équateur, forêt amazonienne, Brésil, 1999-2000.

par une série de détonations sèches qui devient vite un grondement de bisons qui chargent. La sylve se déchire, gémit et s'écrase sous son poids. Où le monstre va-t-il tomber? Sur moi? Je me recroqueville, impuissant et minuscule, dans mon hamac. Je suis mort de peur et je frémis d'excitation. Soudain, au bout d'un temps qui semble interminable, la masse de 10 mètres de circonférence et de plusieurs centaines de tonnes frappe le sol comme la foudre. L'écho se répercute à l'infini. Il faut du temps avant que le silence revienne. Le silence, ou plutôt le souffle animé des autres habitants de la jungle, apaisés après l'angoisse que j'ai partagée avec eux. Quand je dors près d'une rivière, j'entends les plus gros serpents s'abattre dans l'eau. Je ne vois rien, mais mon cerveau travaille et j'imagine le spectacle. Un anaconda attaque un petit crocodile. Le silence, et puis… un bouillonnement soudain, sauvage et violent quand leurs corps fouettent l'eau dans une lutte à mort. Dernières éclaboussures… et puis, plus rien. Un caïman se jette sur un poisson (sa nourriture préférée). Nouveau combat aquatique, auquel s'ajoute le claquement de mâchoires énormes…

J'entends le son et je fabrique les images… Le cinéma est permanent. La mère de toutes les natures fait son show, me montre à moi, grain de poussière, souffle insignifiant et imperceptible dans cette immensité, de quoi elle est capable quand les hommes la laissent tranquille.

Chaque pas nous rapproche un peu plus de notre but – Expédition *Arktos,* voyage autour du cercle Arctique, 2002-2004.

RESTER HUMBLE FACE À LA NATURE

Au cours de sa traversée du Grand Nord canadien, Mike est tenté, un moment, de tout abandonner. Par des conditions climatiques aussi éprouvantes, il est tellement facile de se laisser mourir... ce serait presque confortable. Mais il se reprend et se souvient qu'il a choisi d'être là. Dès lors, tout change : il ne subira plus mais prendra du plaisir à aller jusqu'au bout de son expédition, se faisant tout petit et observant cette nature qui l'accueille, dans toute sa fureur.

Je comprends désormais pourquoi les gens d'Arctic Bay, et tous ceux que j'ai rencontrés depuis, ont voulu m'empêcher de me lancer dans cet enfer. Ils avaient sans doute raison, mais je ne regrette pas de ne pas les avoir écoutés. Peu à peu, je commence à m'habituer aux souffrances que m'impose ce voyage extraordinaire, au point d'éprouver un certain plaisir à les dominer un peu plus chaque jour. Cet enfer n'en est pas un pour moi, sinon je ne serais pas là.

Je marche, non seulement pour atteindre un but, mais parce que j'aime passionnément ces mondes, ces univers que je traverse ; parce que j'aime la nature quand elle est au sommet de sa violence et de sa splendeur ; parce que lorsqu'elle, si grande, me fait subir les pires conditions imaginables, à moi si petit, elle m'autorise malgré tout à faire partie d'elle ; et que c'est un honneur.

Maintenant que j'ai payé le prix fort, j'ai droit en exclusivité, sur écran panoramique géant, au grand show du froid. Surgissant au bout de mes skis, zébrant le paysage comme si je n'existais pas, deux renards poursuivent un lièvre de l'Arctique dans le plus absolu silence ; ces animaux, parmi les plus rapides de la création, touchent à peine la glace et soulèvent un nuage poudreux. Après la mise à mort, qui ne laisse qu'un peu de rouge sur l'infinité blanche, l'un des chasseurs relève fièrement la tête, l'air de dire : « C'est moi qui l'ai eu ! »

Deux lièvres géants s'accouplent avec une telle fureur que plus rien n'existe pour eux, pas même moi, alors que je suis si près que je pourrais les toucher. Un jour où je tente vainement de me faire tracter, un grand renard roux se matérialise soudain à un mètre de moi, se plante dans la neige et nous examine alternativement, mon cerf-volant et moi, avec une espèce de fascination. À la première syllabe que je prononce, il disparaît dans un « vlaouff ! » de dessin animé.

Un autre renard sort la tête de son trou à mon passage, puis se cache de nouveau ; je ne distingue que les poils roux de ses oreilles, et ses yeux qui semblent dire : « Qu'est-ce que tu fais là, toi ? »

Trouvez ce qui vous donne le sourire, accrochez-vous à cela et ne le laissez pas vous échapper.
Expédition *Arktos*, voyage autour du cercle Arctique, 2002-2004.

Penché sur le rebord de la glace, un ours polaire guette patiemment sa proie. Lorsque, enfin, le phoque met le nez à la surface pour respirer, l'ours, avec une rapidité foudroyante, lui enfonce ses griffes dans la gorge, le soulève comme un mérou au bout d'un harpon et le jette à ses pieds. L'immobilisant d'une patte appuyée sur sa tête, il l'ouvre en deux sur toute sa longueur, de la pointe de ses griffes acérées. Des dizaines de litres de graisse tiède se répandent sur la glace. L'ours y plonge la patte et se goinfre, jusqu'à ce qu'il ait « transvasé » la graisse du phoque dans son propre organisme. Il dévore la peau en guise de dessert et, grand seigneur, abandonne la viande aux renards.

J'ai l'impression d'être entré de plain-pied dans la chaîne Discovery ou National Geographic. Mais c'est tout simplement la vie normale, paisible ou cruelle, cocasse et spectaculaire, qui continue autour de l'intrus que je suis. Le peuple du froid et moi-même avons pourtant une priorité commune : survivre.

« Le pire défaut
de l’aventurier,
c’est de penser
qu’il sait. »

La vie est une suite de défis auxquels nous devons faire face et que nous devons surmonter – Expédition *Pole2Pole*, Antarctique, décembre 2016.

S'adapter à son environnement, c'est la clé de la survie. Mike l'a bien compris et si ces expéditions sont un dépassement de soi et une lutte de tous les instants, il n'oublie pas que le vrai combat consiste à se faire accepter par cette nature sauvage.

Je me traîne toujours et je commence à m'inquiéter. Je n'en peux plus d'attendre que le vent se lève…

Il se lève vers le quatrième ou cinquième jour. Soudain, la mer se gonfle et devient forte. Moi qui priais pour que le ciel m'accorde un peu de vent, je suis brutalement exaucé au-delà de toutes mes espérances.

C'est carrément du gros temps qui s'annonce. Normalement, je n'aurais dû en rencontrer que beaucoup plus loin. Mais la mousson a débuté avec quelques semaines d'avance.

C'est mauvais – très mauvais – signe pour la suite… Je ne tarde pas à entrer dans ma première tempête sur l'océan Indien. À force, je suis devenu capable de les « sentir ». Avec mon odorat, mais aussi avec mes oreilles et avec ma peau. C'est pour mieux être à leur écoute que je ne ferme jamais l'écoutille et que je dors le plus souvent tout nu. Sur la mer comme dans la jungle, les cinq sens doivent rester en alerte en permanence. Et pour qu'ils le soient, je ne veux aucune porte, aucun vêtement, entre l'océan et moi.

Je pique bientôt du nez dans des creux de 3 à 4 mètres. Mais mon bateau, même fatigué, reste un danseur chevronné, qui évolue sur la mer comme un valseur professionnel glisse sur un parquet dans des souliers vernis… J'ai toujours l'impression qu'il sourit. C'est un bateau heureux, qui frémit de plaisir quand le vent se lève, se cabre au moindre souffle… Il est comme moi : plein de ressort, d'énergie, et amoureux de la vitesse.

Durant les premières minutes, je souhaite de toutes mes forces que la tempête se calme. Mais on n'arrête pas le vent. Très vite, sachant que je n'ai pas le choix, je me lance tête baissée dans la mêlée. Peu à peu, je reprends le contrôle de la situation… et je commence même à y prendre du plaisir. Après tout, j'ai déjà vécu ça et je n'en suis pas mort. À chaque nouvelle manœuvre, j'apprends. À chaque erreur, j'apprends. Et cet apprentissage « sur le tas » me procure une exaltation qui me fait oublier la peur…

J'entre dans cette tempête comme dans les précédentes et les suivantes : comme on monte sur le ring pour un combat de boxe. Avec un mélange d'excitation et d'inquiétude. La mer me lance un nouveau défi, que je m'apprête à relever. « À ma gauche : la nature ; à ma droite : Mike Horn et ce qu'il a pu acquérir d'expérience… » Cet affrontement n'est pas une lutte à mort, mais une sorte de match. Je sais que la nature est la plus forte. Le seul moyen de l'affronter avec une chance de survivre est de la respecter… pour qu'elle me respecte à son tour. Pour cela, il faut tenir compte du règlement. Tenter, par orgueil, de traverser une tempête toutes voiles dehors serait fatal. Face à la nature, il n'y a que l'humilité qui sauve…

J'en vois le bout après quelques heures de lutte intensive, cramponné à la barre de mon trimaran. Comme chaque fois qu'une tempête se termine, je suis partagé entre le soulagement et une forme de mélancolie. C'est cette vague déception du retour au quotidien, après un épisode de vie intense…

« L'homme ne doit jamais se sentir plus grand que la vie. Rester humble, vivre simplement, avoir du respect en toutes circonstances, c'est la manière la plus facile d'affronter les problèmes au quotidien. C'est dans la simplicité qu'on trouve les solutions. »

Chaque jour, j'ai droit à une vue différente depuis cette maison mobile qui est la mienne – La vie à bord du *Pangaea*.

Lorsque l'on ne peut pas changer de route, il faut ajuster ses voiles au vent – Expédition *Latitude Zéro*, autour du monde en suivant l'équateur, traversée de l'Océan Atlantique, 1999-2000.

« Survivre, c'est apprendre à voir derrière une porte fermée. À entendre avant qu'il soit trop tard. À acquérir un odorat d'animal… Je ne suis qu'au début de cet apprentissage. »

La réalité doit constituer notre rêve le plus ambitieux – Expédition *Pole2Pole,* Antarctique, décembre 2016.

La dernière expédition de Mike, *Pole2Pole*, a amené l'aventurier à traverser l'Antarctique en solitaire sur les traces des premiers explorateurs. En exclusivité, voici quelques extraits de son journal de bord, dans lequel il comprend encore une fois que c'est à l'homme de s'adapter à la nature et non l'inverse. L'occasion d'un moment d'introspection.

28 janvier
Où pourrais-je être ailleurs qu'ici ? Nulle part ailleurs que dans l'Antarctique, dans ma tente, écoutant le vent qui tente de la déchirer. Je suis ici où vous ne vous sentez jamais à 100 % rassuré et confort, mais où vous vous sentez 200 % vivant. Passant la tête hors de la tente, regardant autour de moi, je ne peux pas voir autre chose que le blanc, le ciel blanc et la neige volante sur la glace ne faisant qu'un. Je me demande si je suis bien sur Terre, autour de moi il n'y a aucun signe de vie. L'Antarctique est l'un de ces endroits qui vous font comprendre que la vie n'a rien à faire ici. Sur la côte, là où l'océan rencontre le continent, il y a la vie, c'est là que je dois aller. La vie n'est que de nombreux moments réunis, ces moments deviennent notre vie. Nous devons apprécier tous ces moments, pas toujours souhaiter être ailleurs.

2 février
Nous faisons tous des plans dans la vie. En fait, notre vie entière est basée sur un plan, sur des choses que nous pouvons contrôler mais, plus important, sur des choses dont nous n'avons aucun contrôle, c'est le destin. Mes expéditions fonctionnent comme la vie ; alors pour ce que je peux contrôler, je me prépare très bien en sachant que cela peut changer. (...) Sur les quatre derniers jours, j'ai fait peu de distance, ce n'était certainement pas mon plan, mais c'est ce qui s'est passé. Des éléments plus grands que nous nous dictent notre volonté. Nous devons nous adapter. Celui qui peut s'adapter aura un avantage. Un message que j'ai reçu avant de partir citait Darwin : « Ce n'est pas le plus fort ou le plus intelligent des humains qui survivra, c'est celui qui est le plus disposé à s'adapter. » Donc je reste sur la glace plus longtemps que ce que je pensais, pas de problème ! Adoptez le rythme de la nature : son secret est la patience. Mon bateau *Pangaea*, qui était censé venir me chercher de l'autre côté, a dû retourner en Tasmanie à cause d'un gros problème électrique. Cela fait deux choses qui ne se déroulent pas comme prévu. Cela pourrait être la fin du monde, ou non. C'est ce que c'est. En regardant le verre d'eau, il n'est pas à moitié vide ou à moitié plein : il est ce qu'il est.

« Aujourd'hui, tout est trop contrôlé. On perd le contact avec soi-même en mettant de la distance entre l'homme et la nature. »

Il ne faut jamais se fixer l'horizon comme limite.
Expédition en hiver au pôle Nord avec Børge Ousland, 2006.

« Depuis le début de cette expédition, la Nature ne nous a permis de progresser qu'au rythme de son bon vouloir. Les monstres magnifiques qui, jour et nuit, nous serrent de près, sont encore une manière pour elle de nous avertir : "Vous êtes vivants parce que je le veux bien." »

Ne soyez pas uniquement conscients des choses que vous pouvez voir, soyez-le aussi des choses que vous ne pouvez pas voir – Expédition en hiver au pôle Nord avec Børge Ousland, 2006.

Plus vous êtes proche du sommet, plus le défi est grand – Expédition *Makalu*, 2014.

La montagne… l'un des endroits les plus hostiles à l'homme. Cela n'arrête pas Mike, qui décide de gravir des sommets de plus de 8000 mètres, sans corde ni oxygène. Il s'attaque ici au mont Gasherbrum I, qu'il réussit à vaincre, mais se rend compte au sommet qu'à cette altitude, malgré sa force physique comme mentale, on ne maîtrise plus ce qui nous arrive et que la vie ne tient qu'à un fil.

Je suis pétrifié. Une statue de glace. Puis, sans que je sache si c'est moi qui commande ou si c'est un marionnettiste extérieur, ma jambe se lève. Je ne lui ai rien demandé, à ma jambe, pourtant. Mon corps ne m'obéit plus. Je fais un pas. Puis un autre. Je m'approche du vide. C'est l'alerte rouge. Le décalage entre ma pensée et ma réaction musculaire est trop important. Le temps que mon cerveau donne l'ordre, que mes membres bougent, que le signal du mouvement revienne, ce temps qui devrait être de l'ordre de la milliseconde s'est étiré comme du chewing-gum. L'arc réflexe, qui, en temps normal, est de 70 millisecondes, est d'une demi-seconde, maintenant. L'information traitée par le cerveau, au lieu de progresser à la vitesse de la lumière, se traîne sur les chemins de traverse. Le rebord de la montagne s'approche. Mes pieds sont indépendants de ma volonté, ils avancent. Je vais basculer dans le vide.

« Arrête ! Stop ! »

L'ordre est violent, impératif. Mes jambes bougent quand même. L'abîme est sous mes pieds.

« Arrête, arrête, arrête ! »

Ma volonté n'a aucun effet. Mon corps est entré en rébellion. J'avance encore.

Et puis, aussi soudainement que j'ai commencé à marcher, je m'arrête. L'ordre donné est quand même parvenu là-haut. Il reste encore des points de contact entre ma tête et mon corps. L'instinct, aussitôt, me pousse à m'accroupir pour agripper quelque chose, crocheter une prise. Je suis quasiment suspendu. J'ai

« La pureté de l'air porte une menace totale : la vie, ici, ne tient qu'à un souffle. »

la sensation d'appartenir à la roche. Je me dissous dans cet air raréfié. Mon être se dilate aux dimensions de l'Univers. J'étends les bras, et j'embrasse l'horizon. En bas, tout au fond du glacier, on distingue les virgules orange et vertes des tentes. C'est le camp de base. Cet espace est identifiable, et, même inconfortable, rétréci, limité, il est le refuge. À la fois si près et si loin. Un autre monde se trouve en bas, bariolé en orange et en vert. Un monde où on peut respirer, où la vie revient. Chaque seconde passée sur le Gasherbrum est une seconde de trop. Il n'y a aucune vie, ici, pas une plante, pas un animal. Les grimpeurs les plus aguerris – dont je ne suis pas, contrairement à Jean – ne restent pas. Ils touchent le sommet et repartent. C'est ce que je dois faire.

Ma prise de conscience est brutale. Je contemple le ciel, et je sais, vaguement, que notre vie dépend d'une pellicule d'air aussi fine qu'une pelure d'oignon. Tout ce qui vit, coquillages, coquelicots, ours, hommes des champs, femmes d'intérieur, chardons, fourmis, microbes, lézards, abricots, tout ce qui vit est contenu dans cette bulle d'air, que j'ai crevée. Je l'ai mesurée, en longueur : 40 000 kilomètres. Je l'ai arpentée, en hauteur : 8 000 mètres. C'est mince. Si cette pellicule disparaissait, tout s'en irait, flore, faune, eau, glace, mers. Le monde vivant s'effacerait comme un rêve et la planète bleue ne serait plus qu'un amas de rochers et de lave roulant sans fin dans le vide.

Extrême fragilité.

Chaque expédition permet à Mike d'apprendre. Lorsqu'il revient vivant de son tour du cercle polaire Arctique, il prend toute la mesure de la force de la nature et de sa chance d'être toujours en vie. Ce voyage a donc aussi été intérieur et a fait de lui une personne plus humble, meilleure.

Dans l'Arctique, quand le soleil se reflète dans les cristaux de glace, il crée un prisme contenant toute la palette des couleurs de ce monde froid et magnifique. Ces vingt-trois mois ont été un prisme de vie, un concentré d'émotions. J'y ai vécu tout ce que j'avais vécu en trente-huit ans d'existence : la peur, la douleur, la joie, la déception, l'euphorie, la rage, l'espoir et le désespoir… et le bonheur, surtout, avec une intensité surmultipliée.

Un « grand 8 » du sentiment.

J'ai vu tout ce que je voulais voir, vécu tout ce que je voulais vivre, appris à gérer la déception et l'échec comme des éléments inévitables de toute trajectoire, affûté mon sens des priorités… Chaque jour, j'ai appris quelque chose. Je suis revenu un autre. Meilleur, j'espère. Un peu plus humble, un peu plus sage, un peu plus heureux de vivre avec moi-même et avec autrui.

Je sais que tout ce que j'ai vécu et assimilé pendant ces vingt-trois mois me servira dans l'avenir. Mes expéditions, tout en restant des défis physiques, ressemblent de plus en plus à des voyages initiatiques. J'en rapporte de tels trésors de savoir et de connaissance qu'il me semble que je ne pars plus que pour aller les chercher. Je peux désormais répondre, quand on me demande pourquoi je fais ce que je fais: parce que plus j'avance en âge et en expérience, plus je me pose de questions dont j'ignore les réponses… Parce que, à mes yeux, repousser ses limites est la seule manière de se connaître mieux et de progresser humainement.

Les 20 000 kilomètres que j'ai parcourus m'ont ramené à mon point de départ. Déplacement zéro. C'est en moi-même que j'ai fait le plus long chemin.

Depuis tant d'années que je joue à survivre comme d'autres vont au bureau, je ne possède rien, si ce n'est mon expérience, la somme de connaissances que j'ai accumulées, et toutes les vies que j'ai vécues. Mais ce sont des trésors inestimables que personne ne peut m'enlever.

Les longues périodes passées loin de celles que j'aime, la privation des conforts élémentaires dont bénéficient la plupart des gens, la souffrance physique et morale, le risque de mourir… ne sont que les aspects les moins plaisants d'un métier que j'ai choisi et que je fais plus que jamais avec le sourire. J'ai la chance de vivre mes rêves, et je ne changerais de vie – et de rêves – pour rien au monde.

Mais j'aurai bientôt quarante ans et je ne pourrai pas continuer indéfiniment à faire ce « métier ». Peut-être consacrerai-je la seconde partie de ma vie à réapprendre le sens des valeurs à des jeunes en difficulté, ou délinquants. J'aurai, je crois, la crédibilité et l'autorité nécessaires pour, dans le cadre d'expéditions difficiles, leur réapprendre le sens de l'effort et de la solidarité, en refaire des hommes forts et droits.

Peut-être…

Après tout ce temps, tout ce travail, tous ces drames, toutes ces épreuves et toutes ces joies, je n'ai envie de dire qu'une chose: « Je suis heureux d'être en vie. »

Ce que j'ai laissé dans l'Arctique? Quelques traces de pas vite effacées. Ce que l'Arctique m'a donné? Un trésor d'expérience et de sagesse que l'on ne pourra jamais m'enlever et qui a fait de moi un autre homme. Un peu meilleur, peut-être…

Tout ce qui est bien préparé rend la vie bien plus simple.
Expédition *Pole2Pole*, Antarctique, décembre 2016.

« Je m'arrête parfois, étourdi et les larmes aux yeux, en me demandant comment tant de splendeur peut exister dans un monde aussi barbare. »

Peu de choses peuvent arrêter un être déterminé – Expédition *Pole2Pole*, Antarctique, décembre 2016.

Après son tour du monde en suivant la ligne de l'équateur, Mike fait du métier d'aventurier sa profession. Une chance pour lui d'allier travail et passion ! Son caractère frondeur et sa volonté de réussir attirent les sponsors des sports extrêmes, dont Sector, le premier à faire appel à lui. Mais après quelques années, il comprend que le plus important dans la vie n'est pas forcément ce que l'on croit...

La mort, que je défie sans cesse, commence à se manifester. Deux athlètes de l'écurie Sector sont victimes d'accidents. Chantal Mauduit, alpiniste de renom, qui a déjà escaladé six pics de 8 000 mètres en style alpin, disparaît alors qu'elle effectuait l'ascension du Dhaulagiri (8 167 mètres) dans l'Himalaya. Elle a été écrasée par une avalanche, dans sa tente, avec son sherpa. Elle avait trente-quatre ans.

Patrick de Gayardon de Fenoyl, parachutiste de l'extrême, inventeur du wingsuit, sorte de combinaison ailée, champion de skysurf et de base-jump, ayant plus de 12 000 sauts au pedigree, meurt à cause d'un accident d'ouverture de son parachute, à Hawaï. L'une de ses suspentes s'est emmêlée. Il avait trente-huit ans.

La prise de conscience est rude. Les aventuriers se pensent souvent immortels, ils ne le sont pas. Je me dis, brusquement, que le jeu n'en vaut peut-être pas la chandelle : risquer sa vie pour quelques images qui vont permettre de vendre une montre, une barre chocolatée ou une paire de baskets, c'est vain. Il faut faire les choses parce qu'on a envie de les faire, pas pour satisfaire un intérêt publicitaire. Si ce dernier coïncide avec sa propre passion, c'est bien. Mais payer de sa vie la mise en vente d'un parfum pour hommes, non. Cette idée est d'autant plus forte en moi que, chez Sector, la philosophie maison a changé. L'ancienne équipe a été remplacée. Les Ray-Ban ont fait place à des Persol. Les liens d'amitié qui nous unissaient se sont défaits : les champions sont interchangeables, ils ne sont plus que des porte-marques.

Les mentalités ne sont plus les mêmes, la vitesse de l'info bouscule tout, la pression est démente. Les records s'enchaînent, certes, mais on oublie qu'il y a un coût humain, derrière. Chantal Mauduit et Patrick de Gayardon seront bientôt oubliés par les publicitaires. Mais pas par moi.

La performance : est-ce bien cela que je veux ? Je m'interroge. On peut sauter plus haut, aller plus loin, montrer plus de courage, élever le niveau d'endurance, mais il ne faut jamais, jamais, oublier d'être simple. Devant la nature, l'humilité est obligatoire. Entre le défi et la modestie, entre l'arrogance et la pondération, il y a un équilibre à chercher. Une balance fragile, insaisissable, mais qui exige une vigilance constante. Avoir confiance, c'est une chose. Avoir trop confiance, c'est l'assurance de la catastrophe. L'aventure extrême se joue au plus profond de nous-mêmes. C'est ma leçon de l'équateur.

Quand Patrick de Gayardon est mort, un journal sportif lui a dédié cette phrase :

« Certains hommes ont permis, avec leurs inventions, de changer notre façon de vivre. D'autres, notre façon de rêver. »

Mes rêves restent les mêmes. Mais je n'oublie pas que je suis petit devant l'immensité du monde.

Lorsque l'on comprend qu'être en vie est un privilège et non un droit, la vie en est changée.
Expédition *#DrivenToExplore*, voyage de la Suisse au Pakistan, K2, Ouzbékistan, juin 2015.

La beauté peut parfois faire de l'ombre au froid – Expédition *Pole2Pole,* Antarctique, décembre 2016. Ci-contre : expédition *Pangaea*, Arctique, 2011.

AGIR ET PROTÉGER LA PLANÈTE

Dans son ouvrage *Conquérant de l'impossible,* Mike s'interroge sur l'avenir de la planète en fin de voyage, lorsqu'il traverse la toundra sibérienne.

Le 4 août, c'est le deuxième anniversaire de mon départ. Deux années entières que je voyage. Pourtant, je n'ai pas l'impression d'être parti depuis aussi longtemps… Je pagaie tout au long de cette journée en pensant à tout ce que j'ai vécu depuis deux ans. Je me projette le film du Groenland, du Canada, de l'Alaska, de la Sibérie… en accéléré. Ces vingt-quatre mois m'ont semblé vingt-quatre heures.

J'avais annoncé que je mettrais environ deux ans. J'aurais tenu parole, sans la paperasserie qui m'a bloqué à Providenia. Mais si tout va bien, je ne serai pas très loin du compte. Ce même jour anniversaire, un reflet blanc, au bord de la rivière, accroche mon regard. Je découvre une défense de mammouth d'au moins 60 kilos, émergeant d'un monticule terreux. Soudain, je les vois, ces gentils pachydermes velus, évoluant tout autour de moi en mâchouillant benoîtement des épineux, dans ce paysage qui n'a pas dû tellement changer depuis la préhistoire… Et je pense à tout ce que nous infligeons à la planète.

Pendant combien de temps encore nos enfants et petits-enfants pourront-ils, dans des endroits comme celui-ci, faire des découvertes comme celle que je viens de faire ? […]

Dès que le temps se dégage, je me remets à pagayer sur le lac Totento, vers la rivière. Le paysage, tout en verdure, en rocailles et en lumière, est magnifique. Mais un ours polaire égaré me rappelle une fois encore les dérèglements climatiques progressifs dont la planète est victime. C'est le réchauffement qui a séparé cet animal de la banquise, son habitat naturel, et l'a condamné à chercher sa pitance au milieu de la toundra.

« J'encourage les gens à explorer les régions les plus reculées du monde, à condition qu'ils le fassent pour comprendre à quel point notre planète est non seulement belle mais aussi fragile. »

« La Nature
est l'arbitre suprême.
Et – que tous les
pollueurs du monde
s'en souviennent –
elle punit durement,
tôt ou tard, ceux qui
ne la respectent pas. »

Certains des esprits les plus sages au monde vivent en eaux profondes.
Expédition *Pole2Pole*, océan Atlantique, décembre 2016.

Mike décide d'emmener sa femme et ses filles dans l'une de ses aventures formatrices. Il en profite pour transmettre à Annika et Jessica l'amour de la Nature et certaines valeurs civiques.

Mais le plus important de tout, ce n'est pas nous, c'est ELLE.

La planète.

Sous les assauts du réchauffement global, la glace du Grand Nord et des pôles est en train de fondre. L'Arctique recule un peu plus chaque jour, et de plus en plus rapidement. C'est un fait. Et une tragédie écologique qui concerne chacun de nous, qu'il en ait conscience ou pas.

Pour moi, dont la planète est à la fois le lieu de travail, le bureau, le stade et le terrain de jeu, la manière d'agir la plus efficace est de contribuer à la prise de conscience collective. Je crois modestement posséder une certaine crédibilité, lorsque je parle de régions du monde où j'ai vécu, où j'ai souffert, où j'ai noué des amitiés indéfectibles. Le message d'un simple aventurier dans mon genre a parfois plus d'impact que celui d'un scientifique en blouse blanche, quelles que soient ses compétences.

Ce message, c'est d'abord à Annika et à Jessica que je veux le transmettre, afin qu'à leur tour, à travers le récit de cette aventure, elles le fassent suivre à toutes celles et tous ceux qui, demain, tiendront la planète entre leurs mains : les enfants d'aujourd'hui.

Ce message est simple : voir, ressentir, comprendre les liens, l'« interdépendance » qui nous

L'eau, sous toutes ses formes, sera toujours mon élément favori.
Expédition *Pole2Pole,* Antarctique, décembre 2016.

unit à cette planète. Nous sauver nous-mêmes en la sauvant. Pour que l'aventure ne s'arrête jamais.

Si, cette expédition terminée, Annika et Jessica ont compris ce que je fais, et pourquoi je le fais, si elles ont saisi le sens profond de ma vie et de mes défis, et que leur propre manière de concevoir l'existence s'en trouve modifiée… ce sera pour moi la plus belle des récompenses. La seule qui me tienne à cœur. Je n'attends pas de mes filles qu'elles suivent mes traces et se lancent plus tard dans une carrière d'aventurière professionnelle. Je veux simplement leur donner la clé de cette porte… pour le cas où, dans le futur, elles décideraient de l'ouvrir.

Un jour, dans le Grand Nord canadien, un Inuit nommé Makabi m'a offert un poisson. Il l'a posé devant lui sur la glace, puis il a reculé en me faisant signe d'avancer pour le ramasser moi-même. C'était sa manière de me faire comprendre que la Nature elle-même me faisait ce cadeau, que lui n'était qu'un passeur, un intermédiaire. C'est ce que je veux être pour mes filles : un passeur.

*« On passe environ
trente mille jours
sur Terre.
Que voulez-vous
en faire ? »*

Après une multitude d'aventures et des années passées à sillonner tous les recoins de la planète, Mike décide qu'il est temps d'agir ! Et l'action passe avant tout par la transmission de son savoir et de son amour de la nature. Avec sa femme Cathy, il décide d'organiser d'ambitieuses expéditions à travers le monde, dans lesquelles il embarquera avec lui des jeunes gens pour les sensibiliser aux problèmes écologiques.

Le nom du projet? *Pangaea*! Il y a cinq millions d'années, il y avait une seule mer, et un seul continent, appelé Pangée, ou Pangaea.

Pangaea est une expédition dont le départ est prévu fin mars 2008, pour une durée de quatre ans. L'idée est d'intégrer tout ce que je sais faire, et surtout de le partager. Nous allons inviter des enfants de tous les continents, non seulement à partager cette aventure *via* Internet mais aussi à venir la vivre avec nous. Les enfants vont être choisis, pour chaque continent, pour venir suivre des cours d'entraînement, physique et pyschologique, pour être prêts à vivre dans les différents milieux terrestres que l'on va affronter: la mer bien sûr, la jungle, le

Tout acte de négligence a des conséquences.
Expédition *Pangaea*, de jeunes explorateurs en Malaisie, 2008.

MIKE HORN
adidas

La fin d'une folle aventure est aussi le début de bien d'autres.
Expédition *Pangaea*, de jeunes explorateurs à Monaco, 2008.

désert, l'Himalaya… Sur quatre ans, 600 enfants en France seront concernés. Périodiquement, ce seront des groupes de 12 enfants qui viendront avec moi partager ce goût de l'aventure. Je veux donner quelque chose aux jeunes adultes. Beaucoup ne savent pas par où commencer et pensent qu'ils ne peuvent pas partir. Par exemple, gamin, je rêvais d'aller sur le bateau de Jacques-Yves Cousteau. Je n'ai jamais pu réaliser ce rêve. Aujourd'hui je construis un bateau pour que des enfants aient cette possibilité. C'est un bateau qui fait 35 mètres de long et qui est vraiment conçu pour naviguer dans les glaces du pôle Nord et en Antarctique. L'idée est que, depuis ce bateau, des enfants américains, chinois, européens parlent et racontent leur aventure aux autres enfants. On va créer une communauté, sur le modèle de MySpace.

Je ne suis pas un écolo, je suis un aventurier. Mais j'ai vu l'impact de l'homme dans des endroits inhabités. Aujourd'hui il y a 25 000 bouteilles en plastique par kilomètre carré dans la mer ! C'est la plus grande poubelle que l'on ne voit pas. C'est notre époque qui est responsable, pas nos enfants. En traversant des jungles, des océans ou des montagnes, j'ai vu pas mal de changements sur la planète. Y compris dans des endroits reculés. À travers cette expédition, on veut faire bouger les gens.

On a trois mots clés : *explore*, *learn*, *act*. Explorer la Terre pour en apprendre la beauté. Et puis agir : j'ai construit un bateau pour ça. Je ne suis pas l'homme qui va dénoncer la fonte des glaciers. Je ne peux pas tout faire, mais je veux commencer. Changer les habitudes. Pas les nôtres : c'est un peu tard. Mais nos enfants peuvent faire en sorte que l'on change ces habitudes. Quand j'étais gamin, il n'y avait pas Internet. Il fallait chercher en bibliothèque ou demander à son grand-père. Aujourd'hui, je pense que l'accessibilité à l'information est bien plus vaste. On peut même penser que des enfants peuvent éduquer ou du moins informer d'autres enfants, partager leurs propres expériences avec de la vidéo en ligne ou sur les mobiles… Au Pakistan, il nous a fallu seulement neuf secondes pour envoyer des images vidéo du sommet du

« J'aime l'idée
d'écrire une histoire
qui restera, même
après ma mort. »

« La plus petite source de lumière est la plus grande source d'espoir. »

Gasherbrum. Cela fait dix-sept ans que j'ai ce projet en tête. Nous allons faire 100 000 kilomètres, parcourir tous les continents, tous les océans. On part de Monaco, avec le soutien du prince Albert, et on va commencer par visiter de grandes villes, pour montrer le bateau. Il est équipé de moteurs à hydrogène, etc : c'est un bateau du futur !

Tous ceux qui souhaitent participer pourront le faire. Ce n'est pas une expédition « Mike Horn », c'est un projet planétaire. On veut agir. Des scientifiques qui veulent travailler sur les pôles pourront venir sur le bateau. Vous voulez venir vingt jours ? On réserve votre place. Des projets de développement seront aussi mis en œuvre.

Avant, je faisais mes expéditions seul. Maintenant, je les ouvre aux autres ! Le but est de communiquer davantage en laissant parler des gens qui connaissent chaque domaine : que faire avec chaque bouteille que l'on va ramasser ? Quelles études pour replanter des arbres ?... On a des gens de l'université de Seattle ou des entreprises privées qui soutiendront, chacune, un projet. Le bateau est à la fois une base d'exploration et de nettoyage et un centre de médias. Ce bateau peut ramasser et stocker 55 tonnes de plastique. C'est un monstre : c'est le plus grand voilier brise-glace jamais construit !

Il remontera les côtes pendant que nous irons en Alaska, traverseront les Himalayas, le désert de Gobi, le Taklamakan, la Sibérie, le pôle Nord... L'aventure sera le fil rouge du projet pendant que le bateau mènera les projets de nettoyage. À certains moments, nous organiserons des rencontres dans des lieux particuliers (les « *hotspots* ») avec les enfants qui, eux, communiqueront sur leur expédition. En Amérique du Sud, ce sera par exemple au croisement entre l'Amazone et le río Negro où il y a un fort déboisement. Au Pakistan, ce sera sur le glacier du Baltoro où les expéditions ont laissé leurs saletés... Au village d'Askole, on veut construire des canalisations pour éliminer l'eau stagnante. La priorité, c'est l'eau, et le fait de manger pour les gens là-bas... pas nettoyer ! On ira aussi à l'embouchure des grands fleuves malmenés par l'homme : Colorado, Yangzi Jiang... ou encore dans le passage du Nord-Ouest. Sur les projets de développement, par exemple, on souhaite amener des filtres au Sénégal pour produire de l'eau potable ; je veux monter le projet, mais après quatre ans, ce sera une entreprise privée, un sponsor « sanitaire » qui soutiendra ce projet, qui deviendra le sien. C'est important que les entreprises s'engagent. Et je veux travailler sur l'eau parce que c'est le problème du futur.

J'ai reçu beaucoup. Comme expériences, comme vécu. Aujourd'hui je veux donner.

Devenez leader, inspirez les autres et amenez-les à vous suivre – Expédition *Pangaea*, 2007-2012.

CONCLUSION

Après la mort de sa femme Cathy, Mike prend du recul et, malgré sa tristesse, affirme son amour de la vie, de sa famille, du monde. Une belle leçon qui met la liberté de corps et d'esprit au cœur du message que l'aventurier souhaite délivrer.

L'existence a beaucoup de facettes. Certaines sont assez sombres, d'autres paraissent insurmontables, mais je n'ai jamais perdu espoir. Les épreuves ne font que renforcer ma détermination, et même si je navigue à vue, j'ai conscience que la vie est dans le mouvement. Si je me coupe de cet élan fondamental quelque chose d'essentiel me manquera. Cette fois pourtant, je suis ébranlé, comme si je réalisais que les accidents frappent n'importe où, n'importe qui.

J'ai tellement l'habitude de prendre des coups, je m'expose si souvent au danger que j'ai tendance à penser que ceux que j'aime sont intouchables, préservés. Logiquement, c'est moi qui aurais dû mourir, pas Cathy ! La prise de conscience est violente, toutes mes certitudes volent en éclats et je me découvre fragile face à ce que je ne peux maîtriser. Me revient en mémoire ce conseil que mon père me donnait pour discipliner mes élans :

– Si tu gardes les pieds sur terre tu peux toucher les étoiles, mais si tu essaies de voler sans un point d'appui tu n'iras pas loin. Ce point d'appui, je l'ai trouvé auprès des miens. Cathy en était la base, le socle qui faisait tenir l'ensemble. Elle s'en est allée. Mais mes filles sont là. Le socle demeure.

J'ai toujours poussé mes filles à chercher leurs vrais désirs, à conquérir leur liberté. Et je leur ai montré que rien n'est impossible quand on le veut vraiment. Le reste, Cathy s'en est chargée, sans moi.

Les périodes passées à la maison étaient trop courtes pour que j'impose une autorité, j'ai préféré partager l'essentiel avec elles, les écouter, les regarder grandir, répondre à leurs questions sur le sens de la vie.

À chaque départ, c'était un déchirement. À chaque retour, je devais trouver ma place dans leur vie, dans notre maison. L'éducation d'Annika et de Jessica, c'est Cathy qui l'a prodiguée, jour après jour. Elle leur a donné des ailes. Moi, je leur ai appris à s'en servir. Parfois encore, je me sens comme un visiteur chez moi. N'est-ce pas le lot de tous les voyageurs ?

J'éprouve un peu la même chose au pôle Nord ou dans l'Himalaya. Je suis là pour un moment mais je sais que, demain, je repartirai ailleurs. La maison a beau être mon port d'attache, bientôt je me remettrai en route.

On m'a souvent demandé comment je faisais pour risquer ma vie alors que les miens m'attendaient, si j'étais inconscient ou terriblement égoïste… Une chose est claire : je ne pars pas par désamour pour ma famille. Je rentre par amour. Ce sentiment m'accompagne à chaque exploration. Les

Je n'aurais jamais pu accomplir tout ce que j'ai fait sans l'amour et le soutien de ma femme Cathy – Expédition *Pangaea*, Océan Pacifique, 2008.

« Dans la vie, on se donne toujours trop d'options. Mais quand on n'a pas de choix possible, c'est là qu'on peut optimiser ses performances. »

Ce n'est jamais un adieu, c'est un « à bientôt ». Tout ce que je fais aujourd'hui, je le fais pour mes deux filles – Expédition *Pole2Pole*, Le Cap, Afrique du Sud, novembre 2016.

visages de ma femme et de mes enfants me remettent debout quand mes limites d'endurance sont dépassées. Dans ces moments critiques, perdu à des milliers de kilomètres, la force du lien se révèle.

Ma mère racontait parfois en riant que c'était une horreur d'être enceinte de moi, je n'arrêtais pas de lui donner des coups de pied, tellement j'étais pressé de sortir. J'ai eu beaucoup de chance avec la femme de ma vie. Maintenant, elle est partie. Mais elle est là, avec moi, à jamais.

Entre deux expéditions, j'ai embarqué avec mes filles sur mon bateau pour des vacances. De la Nouvelle-Zélande, nous avons mis le cap sur le Japon en passant par les îles sauvages de Papouasie. Au milieu du Pacifique, non loin d'un îlot perdu, il y avait un cimetière d'avions et de bateaux qui rouillaient depuis la dernière guerre. Nous sommes descendus jusqu'à un porte-avions coulé. Nous avons plongé à 42 mètres de profondeur. C'était une descente en eaux profondes, mais les filles étaient entraînées et je veillais sur elles. Je les ai regardées évoluer à travers les coursives corrodées par les eaux, ou bien assises aux commandes des avions posés sur ce navire gigantesque, et j'ai éprouvé une émotion étrange de les voir aussi libres et hardies… Cette confiance, cette certitude que la vie vaut d'être vécue et explorée, nous la leur avons transmise, Cathy et moi.

Juste avant de mourir, mon père m'a enseigné qu'il ne fallait jamais oublier de vivre, parce qu'on ignore quand tout finira. Sa phrase résonne encore en moi. Peut-être qu'une part de mon besoin dévorant d'affronter l'inconnu vient aussi de cette perte.

Je ne prétends pas que les autres chemins sont moins valables que le mien, je crois qu'on est seul à pouvoir choisir et décider, seul à marcher, et seul à savoir ce qu'on peut changer pour trouver un sens à l'existence.

Chaque année, je me donne un objectif différent, un peu comme si j'ouvrais un tiroir vide au 1er janvier pour le refermer le 31 décembre, plein de voyages. Les années passent, je deviens plus sage, je n'ai rien perdu de mon enthousiasme, mais j'ai besoin de cet élan pour avancer.

En mourant, les artistes lèguent leurs œuvres, le peintre ses tableaux, l'architecte ses monuments. Mais quelqu'un comme moi ? Mes œuvres ne se touchent pas, au mieux on peut entrevoir mes traces sur une photo, lire le récit de mes exploits dans un livre. Alors, j'aime penser que je laisserai l'envie de vivre libre. J'ai couru toutes ces années, pas seulement à la recherche de sensations fortes, mais poussé par un sentiment qui touche à la vie même.

La liberté.

*« Je voudrais pouvoir
faire corps avec ce monde
éblouissant, en explorer
les recoins, en vivre
et en renifler
tous les mystères. »*

Légendes complémentaires

p. 4 : expédition *#Driventoexplore,* voyage de la Suisse au Pakistan, Pakistan, juin 2015 ; **p. 6-7 :** expédition *#Driventoexplore,* voyage de la Suisse au Pakistan, Pakistan, juin 2015 ; **p. 10-11 :** entraînement sur la montagne de la Table avant le départ pour l'Antarctique – Expédition *Pole2pole,* Le Cap, Afrique du Sud, novembre 2016 ; **p. 22-23 :** expédition *Pole2pole,* Antarctique, décembre 2016 ; **p. 28-29 :** expédition *Gasherbrum I & Gasherbrum II,* avec Fred Roux, Jean Troillet et Olivier Roduit, Himalaya, juillet-août 2007 ; **p. 33 :** expédition *Pangaea,* Fiordland, Nouvelle-Zélande, mai 2009 ; **p. 42-43 :** expédition *Gasherbrum I & Gasherbrum II,* avec Fred Roux, Jean Troillet et Olivier Roduit, Himalaya, juillet-août 2007 ; **p. 48-49 :** expédition *Pangaea,* Amazone, mars 2012 ; **p. 50-51 :** Mike Horn – Expédition *Pangaea,* 2007-2012 ; **p. 52 :** Mike Horn – Expédition *Pole2Pole,* Namibie, juin 2016 ; **p. 64-65 :** expédition *Pangaea,* de jeunes explorateurs en Mongolie, août 2010 ; **p. 40 :** Mike Horn – Expédition *Pole2Pole,* Le Cap, Afrique du Sud, novembre 2016 ; **p. 79 :** expédition *Pole2Pole,* Antarctique, décembre 2016 ; **p. 80-81 :** expédition *Makalu,* avec Fred Roux, Himalaya, avril 2014 ; **p. 104-105 :** expédition *#DrivenToExplore,* voyage de la Suisse au Pakistan en vue de l'ascension du K2, Pakistan, juin 2015 ; **p. 122-123 :** expédition *Pole2Pole,* Antarctique, décembre 2016 ; **p. 128-129 :** expédition *#Driventoexplore,* voyage de la Suisse au Pakistan en vue de l'ascension du K2, Pakistan, juin 2015 ; **p. 132-133 :** expédition *Pangaea,* de jeunes explorateurs au Nunavut, Canada, août-septembre 2011 ; **p. 136-137 :** expédition *Pangaea,* Antarctique, octobre 2008 ; **p. 146-147 :** expédition *Pangaea,* Greenland, 2007-2012 ; **p. 170-171 :** expédition *Gasherbrum I & Gasherbrum II,* avec Fred Roux, Jean Troillet et Olivier Roduit, Himalaya, juillet-août 2007 ; **p. 172-173 :** expédition *Gasherbrum I & Gasherbrum II,* avec Fred Roux, Jean Troillet et Olivier Roduit, Himalaya, juillet-août 2007 ; **p. 174-175 :** expédition *Pangaea,* Greenland, 2007-2012 ; **p. 182-183 :** expédition *Pangaea,* Arctique, 2011 ; **p. 188-189 :** expédition *Pangaea,* de jeunes explorateurs à Bornéo, Malaisie, octobre-novembre 2009 ; **p. 192-193 :** expédition *Pangaea,* de jeunes explorateurs en Mongolie, août 2010 ; **p. 196-197 :** expédition *Pangaea,* Grande barrière de corail, Australie, juillet 2010 ; **p. 200-201 :** expédition *Pangaea,* Grande barrière de corail, Australie, juillet 2010.

Crédits textes

Les textes du présent ouvrage sont extraits des livres de Mike Horn
- *Latitude zéro*, 2001
- *Conquérant de l'impossible*, 2005
- *À l'école du Grand Nord*, 2005
- *Objectif : Pôle Nord de nuit*, 2007
- *Vouloir toucher les étoiles*, 2015

et ont été reproduits avec l'aimable autorisation des éditions XO.

Jean-Philippe Chatrier a collaboré à la réalisation des quatre premiers ouvrages de Mike Horn.

Crédits photographiques

Couverture :
© Dmitry Sharomov

© Dmitry Sharomov : p. 4, 6-7, 9, 10-11, 12, 15, 19, 22-23, 24, 25, 33, 35, 36, 37, 39, 48-49, 50-51, 52, 54-55, 56, 58, 59, 64, 71, 74-75, 76, 79, 82, 85, 91, 92-93, 95, 100-101, 102-103, 106-107, 111, 113, 115, 116, 120-121, 122-123, 125, 129-130, 131, 132-133, 134, 135, 136-137, 138-139, 140, 143, 155, 160, 162, 164, 166-167, 176, 178, 179, 180, 181, 182-183, 185, 186, 187-188, 189-190, 191-192, 194, 195-196, 199, 200-201

© Mike Horn : p. 16-17, 27, 28-29, 42-43, 61, 62, 63, 68, 80-81, 86-87, 88, 104-105, 110, 142, 144-145, 146-147, 149, 168, 169, 170-171, 172-173, 174-175, 203

© Sebastian Devenish : p. 20, 21, 31, 41, 46, 53, 67, 72, 98, 118, 151, 152, 156, 158, 163

© Børge Ousland : p. 60

© Kjell Ove : p. 69

© Fred Olivier : p. 77, 127

© Dawn Sarasin : p. 204

L'éditeur tient à remercier Annika et Jessica Horn,
ainsi qu'Édith et Renaud Leblond pour leur aide précieuse.

www.editionsepa.fr

Directrice générale
Fabienne Kriegel

Responsable éditoriale
Laurence Lehoux

Coordination éditoriale
Aline Abou Saad

Suivi éditorial
Sandrine Rosenberg, assistée de Valériane Lusbec

Lecture-correction
Valérie Nigdélian

Directrice artistique
Claire Panel, sous la direction de Sabine Houplain

Conception graphique et mise en pages
Éric Blanchard

Fabrication
Nicole Thiériot-Pichon

Photogravure
APS

Partenariats et ventes directes
Ebru Kececi
ekececi@hachette-livre.fr

Relations presse
epa@hachette-livre.fr

Édité par les Éditions E/P/A
(58, rue Jean Bleuzen, 92178 Vanves Cedex)
Achevé d'imprimer en octobre 2018
par Estella Graficas
Dépôt legal : Octobre 2017
978-281-2317224-6
75-0198-7/06